W0179228

Aus Freude am Lesen

btb

Buch

»Es ist, als könnten wir plötzlich auf wunderbare Weise
Chinesisch verstehen«, schreibt Amy Tan über Belle Yangs
farbenprächtiges Geschichtenbuch aus dem Reich der Mitte.
Auf den Spuren ihres Vaters kehrt die heute in Amerika
lebende Tochter darin zurück in die Welt ihrer Ahnen: in das
China der Jahrhundertwende – eine Welt voller Mythen,
Märchen und Fabeln.
Belle Yangs Reise in die Vergangenheit beruht auf
Erinnerungen ihres »Baba«, ihres Vaters, der 1928 als
vierter Sohn einer wohlhabenden Familie in der Mandschurei
geboren wird. Er wächst in einer Welt voller Widersprüche
heran. Einer Welt, die geprägt ist von den alten Ritualen,
doch bedroht von den politischen Konflikten des anbrechenden
20. Jahrhunderts. Es tummeln sich Geister, Banditen, Bettler
und Schamanen darin, aber auch fremdländische Besatzer.
Die Verbindung dieser beiden Ebenen, rauhe Wirklichkeit
und mystische Wahrheit, macht das Zauberhafte und Visionäre
von Belle Yangs literarischer Reise aus.

Autorin

Belle Yang wurde 1960 in Taipei, Taiwan, geboren
und emigrierte im Alter von sieben Jahren mit ihren Eltern
in die USA. Sie studierte an der Stirling University
in Schottland und an der University of California, Santa Cruz.
Von 1986 bis 1989 besuchte sie die Traditional Academy
of Chinese Painting in Peking. Anschließend begann sie,
ihre Eindrücke aus China zu einem Buch zu verarbeiten.
Sie lebt und arbeitet heute in Carmel, Kalifornien.

Belle Yang

Auf den Schultern meines Vaters
Eine Rückkehr nach China

*Aus dem Amerikanischen
von Charlotte Franke*

btb

Die amerikanische Originalausgabe erschien 1994
unter dem Titel »Baba. A Return To China
Upon My Father's Shoulders«
bei Harcourt Brace & Company, New York

Umwelthinweis:
Alle bedruckten Materialien dieses Taschenbuches
sind chlorfrei und umweltschonend.

btb Taschenbücher erscheinen im Goldmann Verlag,
einem Unternehmen der Verlagsgruppe Bertelsmann

1. Auflage
Genehmigte Taschenbuchausgabe November 1997
Copyright © 1994 by Belle Yang
Copyright © der deutschsprachigen Ausgabe 1995
by Albrecht Knaus GmbH, München
Umschlaggestaltung: Design Team München
Umschlagfoto: TIB/Hall, München
Satz: Bongé + Partner, Berlin
RK · Herstellung: Augustin Wiesbeck
Made in Germany
ISBN 3-442-72235-7

FÜR RACHEL WACHTEL

Mögen die Geschichten deines Volkes
deine geistige Festung sein

Inhalt

Vorwort von Amy Tan

 Im März 1991 bekam ich von Sue Yung Li, einer Freundin aus San Francisco, ein Päckchen mit einer kurzen Nachricht: »Dachte mir, es würde Dir Spaß machen, dies zu lesen.« Es seien Fotos von Illustrationen, schrieb sie, die von der Schriftstellerin und Künstlerin Belle Yang stammten. Und außerdem ein paar Seiten von Belles Prosa – die ich vielleicht in meiner Freizeit lesen könnte.

Ich befand mich in einer unangenehmen Lage und hatte ein schlechtes Gewissen – denn ich wurde unfreiwillig mit den Wünschen und Träumen einer anderen Schriftstellerin konfrontiert, mit ihrem Lebenswerk, das entweder blühen und gedeihen oder dahinwelken würde, je nachdem, ob sie Glück hatte, ob ihr Engel halfen beziehungsweise freundliche Fremde.

Unglücklicherweise waren meine Reserven an Freundlichkeit längst erschöpft; ich hatte nicht einmal mehr genügend Zeit, selbst etwas zu schreiben, geschweige denn, die Arbeiten anderer zu lesen. Mit tiefen Schuldgefühlen im Herzen legte ich das ungeöffnete Päckchen der jungen Schriftstellerin traurig auf den Stapel Post, der zum Wegwerfen gedacht war und den ich mit dem beschönigenden Titel einer Recycling-Kiste ausgestattet hatte.

Obwohl ich mich selbst nicht gerade als freundlich be-

9

zeichnen kann, hat es mir persönlich in meinem Leben nie an Engeln gemangelt. Ich kann nicht genau erklären, wer diese Engel sind und woher sie kamen, außer daß sie mir in ganz erheblichem Maß Freundlichkeit entgegenbrachten und auch Glück. Noch dazu erinnern sie mich auch ständig an diese Tatsache, so daß mir schon der Verdacht gekommen ist, es müsse sich größtenteils um Chinesen handeln. Auf jeden Fall glaubten meine Engel, daß ich schon bald wieder zu mir kommen und das Päckchen von Belle Yang öffnen würde. Hatte ich etwa vergessen, fragten sie, wie sie mir immer geholfen hatten, als ich noch nicht gedruckt wurde – vor gar nicht so langer Zeit? Hatten sie mir nicht geholfen, meine Arbeiten Schriftstellerinnen wie Amy Hempel und Molly Giles nahezubringen, während andere meine ersten Schreibversuche vielleicht zum Feueranzünden verwendet hätten? Bestimmt würde ich Belle Yangs Päckchen in angemessener Zeit wieder aus dem Wegwerfhaufen angeln. Jedenfalls versicherten mir das meine Engel. Ich brauchte nur einen kleinen Schubs. Einen ganz kleinen.

In den nächsten paar Tagen rutschte Belle Yangs Päckchen immer wieder aus dem Stapel heraus, sooft ich ihn zurechtrückte. Es tauchte immer wieder auf, wie oft ich es auch unter unzähligen Exemplaren von Victoria's-Secret-Catalogs und Wettscheinen begrub. Es gab noch andere Hinweise. Eine Cousine namens Yang rief an. Eine Ausgabe von *Belle Lettres* traf ein. Und außerdem verspürte ich plötzlich den unstillbaren Wunsch, Glocken zu hören, nicht einfach nur gewöhnliche Glocken, sondern chinesische Glocken. Auf meinem Schreibtisch lagen alte Kupferklöppel, die ich erst kürzlich in einem Antiquitätengeschäft erstanden hatte. Ich stieß sie aneinander, und sie ertönten in einem nachhallenden *Trrrnnng!*, das sich in meiner Brust ausbreitete und in mein Herz strömte und sich trotzig in meinem Kopf festsetzte und wie eine ungeduldige, drängende Mutter fragte, ob ich auch wirklich schon meine Hausaufgaben gemacht hätte. Noch nicht, noch nicht, noch nicht. *Trrrnnng!* Du weißt, daß du es tun mußt, sagten die Engel zu mir.

Ich öffnete Belles Päckchen. Fotos auf Glanzpapier fielen heraus, die Illustrationen, von denen Sue Yung Li geschrieben hatte. Sie waren erstaunlich: Pinselstriche mit Wasserfarben werden zu täuschend einfachen Bildern in schillernden Mustern. Die Bilder sind außerordentlich lebendig, fangen Gleichgewicht und Disharmonie zwischen dieser Welt und der Unterwelt ein, zwischen Himmel und Erde, zwischen Mensch und Natur. Sie sind sowohl erschreckend als auch humorvoll, sehr persönlich, aber doch eine größere Sicht der Welt. Wer immer diese Belle Yang sein mag, dachte ich mir: Malen kann sie, das muß man ihr lassen.

Und dann nahm ich die Seiten mit dem Geschriebenen und las die Geschichten und Kindheitserinnerungen von Baba, Belle Yangs Vater. Schon bald war ich völlig gefangen in der Musik, die in Belle Yangs Worten mitschwang, sah die ganze Fülle einer verlorenen Welt vor meinen Augen.

Als ich die wenigen Seiten las, verspürte ich in mir die gleiche Erregung, die ältere Lektoren empfinden müssen, wenn sie eine neue Stimme entdecken und sie die Freude darüber die eintönigen Lektoratssitzungen der nächsten paar Jahre ertragen läßt. Belles Stimme ist so ehrlich und rein, daß man unweigerlich den Zynismus und die Langeweile und all die schmutzigen Geschäfte darüber vergißt. Ich fühlte mich glücklich, ihre Arbeit erhalten zu haben. Ich rief Sue Yung Li an, um mich bei ihr zu bedanken. Ich rief Belle an, um ihr zu gratulieren. Ich rief meine Agentin an und sagte: »Ich habe hier etwas ganz, ganz Besonderes, das Sie sich ansehen sollten.«

Das soll *nicht* heißen, daß ich Belle Yang entdeckt

habe, denn das hatten schon andere vor mir getan. Aber sie hat mir wieder einmal vor Augen geführt, warum ich so gern Geschichten lese, warum ich mir selbst immer gewünscht habe, Geschichten zu malen.

Baba ist ein zweifaches Kunstwerk. Es erinnert mich daran, warum ich Schriftstellerin geworden bin: Als Kind wollte ich immer eine Malerin sein. Mit Kohlestift, Pinsel und Pastellfarben bemühte ich mich darum, meine Wahrnehmungen von der Welt einzufangen – oder vielmehr eine möglichst genaue Wiedergabe dessen, was ich sah, was ich glaubte, was ich *fühlte,* wie das Leben in Wirklichkeit war, was sonst niemand verstehen könnte, wenn ich es nicht klar und deutlich zum Ausdruck brachte.

Besonders lebende Objekte gelangen mir gut – zum Beispiel meine getigerte Katze Fufu, wie sie auf dem Rücken in der Sonne lag. Die Erwachsenen lobten meine Arbeiten: »Also, das sieht ja wirklich aus wie Fufu!« Aber was mir noch wichtiger war, konnte ich nicht einfangen. Ich konnte nicht den Unterschied zeigen: die Intelligenz, die hinter Fufus Ungezogenheit steckte, zum Beispiel. Und auch nicht die Gefühle: wie mein Herz höher schlug, wenn Fufu, der seit Tagen verschwunden gewesen war, plötzlich kläglich aus einem Schrank heraus nach mir rief. Und auch nicht die flüchtigen Momente intensiven Erlebens: wenn ich mit meinem Atem Fufus Ohren genauso flattern ließ, wie es die Motten an unserer Verandalampe am Abend taten.

Ich habe es nie fertiggebracht, genau das zu malen, was ich fühlte, was ich in diesem einen magischen Augenblick sah. Und obwohl das Malen enorme physische Befriedigung schafft, kriegt man vor Enttäuschung einen Kloß in den Hals, wenn einem die mitleiderregenden Ergebnisse vor Augen kommen. Obwohl ich mit meinem Pinsel mutig über das Blatt strich, obwohl ich mit unendlicher Geduld an Details herumtupfte, wollten sich bei mir doch nie die richtigen Linien, Farben und Formen einstellen. Und so griff ich schließlich nach meinen Werkzeugen zweiter Wahl: Ich versuchte, mit Wörtern Bilder zu malen.

Das sind die Gründe, warum ich Belle Yangs doppeltes Talent so bewundere und sie so beneide. Sie schreibt, was sie sieht und fühlt. Sie malt, was sie sieht und fühlt. Und beides versteht sie geradezu meisterhaft. Wie sie selbst sagt, gibt es in der chinesischen Kunst keine Trennung von Bildern und Wörtern. Sie sind ein und desselben Ursprungs. Es sind Bildergeschichten und auch Geschichtenbilder. Durch kühne Pinselstriche in Poesie und Farbe erweckt Yang eine Welt zu neuem Leben, die schon vergangen ist und nur noch in der Erinnerung existiert: die rotbärtigen Banditen, den Sohn auf dem Dach, der den Toten Anweisungen zuruft, das donnernde Geräusch von Bomben, die in den Sümpfen einschlagen. Sie fängt die Legenden ihrer eigenen Familie ein, und auch die alten Sagen, und sie gewinnt unsere Bereitschaft zu glauben, daß sie wahr sind: daß der prophetische Traum einer Göttin gerechten wie ungerechten Ergebnissen vorbeugen kann, daß der Reichtum einer Familie von einem strahlenden dreibeinigen Wesen herrührt, einer Wünschelrute für vergrabene Goldschätze.

Genauso verblüffend ist für mich der klare Stil, mit dem Belle Yang das Chinesische mit dem Englischen verbindet. Sie ist eine amerikanische Schriftstellerin, die auf englisch schreibt und auf chinesisch denkt. Für mich fühlt sich, was sie schreibt, chinesisch an, ohne die Holprigkeit einer wörtlichen Übersetzung und ohne die Farblosigkeit von »etwas, das« – zum besseren Verständnis für den westlichen Leser – »bei der Übersetzung verlorengegangen ist«. Es ist, als könnten wir, die englischen Leser, plötzlich, auf wunderbare Weise, Chinesisch verstehen. Als amerikanische Schriftstellerin, die Chinesisch zwar versteht, es aber selbst eher wie ein Kind spricht, bewundere ich Belle

Yangs literarisches Kunststück. In zwei Sprachen zu schreiben ist etwas anderes, als die Welt in zwei Sprachen zu *erleben*. Damit meine ich, daß Belle Yang die verlorene Welt ihres Vaters auf chinesisch *fühlt:* die schroffen sachlichen Dinge des Lebens, die volkstümlichen Bilder, die historischen Untertöne klassischer Kunst, die ausdrucksvolle Lautmalerei des Lebens in der Stadt und auf dem Land, der bittere, lindernde und zutiefst befriedigende Geschmack der Speisen, die unvereinbare und harmonische Verbindung von Mensch und Natur, die böse und umwerfend komische Ironie und die gewundenen Pfade, auf denen alles einen vollkommenen, wenn nicht logischen Sinn ergibt. Und doch vermittelt sie uns all dies auf englisch, mit Poesie, mit der universellen Macht der Sprache. Sie hat eine Welt geschaffen, in die wir uns verlieren können und aus der wir erfrischt wieder hervorgehen: Für einen kurzen Augenblick gelingt es uns dann sogar, auch in unserer Welt Wunder zu entdecken. Welch ein Geschenk!

Baba weckt in mir den Wunsch, wieder zu malen. Mit Wasserfarben, mit Wörtern, mit allem, was ich brauchen kann. Ich möchte die Engel malen, die mich dazu überredet haben, mir Belle Yangs Werk anzusehen.

Einleitung

»So mühsam alles ... gegen das Wasser gestemmt, quer durch den Fluß Liu zu waten, mit dir auf dem Rücken, und dann, wenn das sandige Ufer erreicht ist, humpelnd und langsam in den Wagenfurchen weiterzugehen. Es war wieder genau derselbe Traum, Tochter«, sagte Baba immer zu mir. »Ich habe dich durch die Dünen getragen und über die weiten Ebenen der Mandschurei, habe dich auf den Schultern in die verschwundene Landschaft meiner Kindheit getragen; und immer – immer bist du erst zwei oder drei Jahre alt in diesem Traum ...«

Heute kann ich sagen, daß mein Vater von diesem Traum nicht mehr gequält wird in der Nacht, denn er hat mich in den vergangenen drei Jahren, wenn er wach war, auf einer langen gewundenen Straße der Erinnerungen mitgenommen. Es war atemberaubend und ernüchternd zu sehen, wie groß der Schauplatz seines Lebens war.

Bei jeder Etappe der Reise hob er mich auf seine Schultern und betrat mit mir eine ausgedehnte Landschaft, in deren Vordergrund persönliche menschliche Szenen standen: Geschichten, die sich in Zeit und Raum wie Motive einer großen langen chinesischen Schriftrolle entrollten. Manchmal trödelten wir in friedlichen Kulissen herum; ein anderes Mal liefen wir eilig vor der weißen Hitze des Krieges davon. Von meinem Platz auf seinen Schultern aus sah ich das Land und den Himmel und die Ereignisse, die sich auf der Ebene eines unverständlichen (aber nicht einfachen) Lebens zwischen ihnen abspielten: auf der staubigen Ebene der Herzen, wo die menschliche Hoffnung mit der Wirklichkeit ringt.

Während meiner Reise mit Baba hat er sich mir natürlich offenbart, und mir, ach, noch so viel mehr enthüllt: Sein Blick richtete sich auf das Leben der Männer und Frauen, denen wir auf unserem Weg begegneten, die seine Kindheit und seine Jugend mit Bewegung und Farbe erfüllten.

Durch diese Persönlichkeiten (Onkel Zhao, der Exbandit; die alte Frau Lu, die Medizinfrau; der Idiot Yuan, ein daoistischer Bettler; Dong Gar, der Weise; der wohlhabende dritte Onkel; der zweite Bruder, der mit zwei Kühen freigekauft wurde) lernte ich Meinungen, gegensätzliche Standpunkte kennen: Ich konnte die Dinge aus einer Vielfalt verschiedener Perspektiven heraus betrachten – tatsächlich sah ich in ihnen die Verkörperung der Vergangenheit. Ich kostete das Scharfe und das Würzige: ähnlich der berüchtigten chinesischen *choudoufu* – Bohnengallerte – mit ihren vielen Formen, Gerüchen und Aromen – die, heiß und würzig, mit rotem Pfeffer und Knoblauch gegessen wird.

Ich kehrte auf Babas Schultern mit dem holprigen, bruchstückhaften Wissen eines Kindes zurück (ich hätte keinen besseren Führer durch die Vergangenheit haben können, denn Baba ist ein großer Leser, ein Beobachter, ein Mann mit Gedächtnis und Einsicht); aber während wir durch die Zeiten pilgerten, von den verblassenden Tagen der Qing-Dynastie durch die von Japanern besetzte Mandschurei, dem Überfall der Russen nach dem Sieg über die Japaner und den folgenden Bürgerkrieg, wurden meine Sinne immer schärfer – mein Bewußtsein erweitert –, bis ich die tiefgreifenden Ereignisse, die eine Ideologie hervorbrachten, die am Ende alles auf ihrem Weg niederwalzen und vernichten sollte, besser verstehen konnte.

Als Baba in der Zeit zurückging, mußte er die Ereignisse von damals noch einmal erleben; um mich auf den Schultern durch die Landschaft zu tragen, mußte er noch einmal die bittersüßen Ironien erleben, aber auch die Schönheit und Freude und Weisheit einer Welt erfahren, die verlorengegangen ist. (Ich weiß, daß Baba in den Nächten, wenn wir von einem Ausflug in die Vergangenheit zurückgekehrt waren, Mühe hatte, einzuschlafen: Es war leicht, leidenschaftliche Gefühle in die Gegenwart zu holen, aber schwierig, sie wieder loszulassen in die Vergessenheit.)

Nach jedem kühnen Vorstoß in einen Teil dieser Landschaft kehrten wir wieder zurück in den Hafen der Gegenwart, um Luft zu schnappen und uns auszuruhen. Jedesmal, wenn wir wieder auftauchten aus der Vergangenheit, war Baba bereit, vergangene Kümmernisse und Enttäuschungen gegen Geschichten, Witze und vor allem Gelächter in der Gegenwart aufzugeben. Aber was noch wichtiger war: Nach jeder Rückkehr wurde Babas Bürde ein wenig leichter. Er hatte Freude daran, seine Pflicht getan zu haben und von der bitteren Reise dieses stillen Volks erzählt zu haben – von Männern wie dem glücklosen Lohnarbeiter Onkel Yu.

Aber kehren wir zurück zu der Zeit vor unserer Reise. Ich muß sagen, daß zwischen Baba und mir kein natürliches Einvernehmen herrschte: Seine geistige Heimat lag im Osten, meine ganz und gar im Westen.

Meine Vorbereitung auf das Betreten dieser Landschaft (obwohl ich damals nicht wußte, daß es eine Vorbereitung war; für mich fühlte es sich an wie ein beunruhigender Bruch mit dem Vertrauten) nahm die Gestalt einer physischen Rückkehr nach China an. Jemand wie ich, die schon früh im Leben in die gastfreundliche amerikanische Erde gepflanzt wurde, muß zu ihrem Ursprung zurückkehren, um die Symbole, die Codierungen, die Ikonografie kennenzulernen, mit denen ich mir, wie mit einem Schlüssel, Zugang zu Babas Erinnerungen verschaffte! Ich mußte mich völlig in das geschriebene und gesprochene Chinesisch hineinversetzen, denn um Baba wirklich verstehen zu können, mußte ich seinen Gedanken in ihrer ursprünglichen Form nachgehen. Nur auf diese Weise konnte ich ihm Fragen stellen, die ihn tief genug berührten, damit er mich mitnahm in die Vergangenheit.

Im Herbst 1986 flog ich nach Beijing (das ist heute fast auf den Tag genau sechs Jahre her), um die klassische chinesische Kunst zu studieren, wobei ich mich vor allem auf die große Tradition der Landschaftsmalerei konzentrierte – eine Kunst von Zeit und Raum. Ich gewöhnte mich daran, die westliche Perspektive völlig abzustreifen und mich wie der Affenkönig in den Legenden in den Himmel zu schwingen, um die Welt aus vielen verschiedenen Winkeln zu sehen (die chinesische Landschaft ist völlig verschieden von Landschaften des Westens, in denen der Betrachter, unverrückbar wie ein Felsblock, an einem festen Punkt verharrt).

Bei meinem Studium und bei der Ausübung dieser Kunst – dieser Philosophie, dieser Lebensart – wurde ich in dem, was ich schon immer gefühlt hatte, was ich schon immer in Babas Kunst und Poesie gesehen hatte, nur noch bestärkt: daß es keine Trennung von Wörtern und Bildern gibt. Denn in der chinesischen Malerei sind die Wörter – die Reflexionen des Künstlers – eins mit dem Gemälde; und auch die Bilder mit den Wörtern, die beide aus ein und derselben nie versiegenden Quelle schöpfen.

In den Jahren meines Studiums durchstreifte ich das Land, machte Skizzen, Bilder, sah mich um. Ich gelangte in Regionen, die für Ausländer geschlossen waren, in die

ich mir (wenn auch ein wenig nervös, wie ich zugebe) mit meiner gelben Hautfarbe leicht Zutritt verschaffte. Ich reiste auf der Seidenstraße, wo der Buddhismus im Reich der Mitte seinen Anfang nahm, durch die Wüste Gobi; ich grub im Nordwesten des Landes in der gelben Erde und berührte mit meinen Händen Töpferarbeiten aus der späten Steinzeit, legte meine Finger in die Tonabdrücke von Händen, die Handwerker vor ungefähr siebentausend Jahren zurückgelassen hatten; ich kehrte in den gefrorenen Norden der Mandschurei zurück, um mit meinen Großeltern, deren Köpfe von den vielen Erinnerungen grau wa-

ren, das Frühlingsfest zu feiern, das chinesische Neujahrsfest; ich vertiefte mich in die Landschaft von Hunan, der
Heimat der Miao-Stämme, wo die einzigen »Fremden«, die
in letzter Zeit dort gesichtet worden waren, Besucher aus
einem Nachbarbezirk waren.

Auf meinen Wanderungen durch ein Land mit sehr un-
terschiedlichen Temperamenten erschloß sich vor meinen
Augen ein großer Reichtum an volkstümlicher Kunst, die
kulturelle Antithese der erhabenen klassischen akademi-
schen Malerei Chinas, zu deren Studium ich gekommen
war (auch wenn beide das gleiche Ziel verfolgen: das Herz
zu rühren). Ich war vom Anblick der Papierschnitte be-
wegt, der kraftvollen Neujahrsdrucke, der naiven Bilder
der Bauern, die in jeder Region verschieden waren. Es waren die Arbeiten von Männern und Frauen, die mit ihrer
Erde tief verwurzelt waren; Arbeiten, die von den Tieren
auf den Bauernhöfen, den Früchten auf den Feldern und
Lebewesen in den Flüssen erzählten; es waren Feste der
Geburt, der Hochzeit, der Ernte, der Jahreszeiten, Feste
für Himmel und Erde, die Jugend, das Alter und den Tod.
Die Kunstwerke der Menschen vom Land waren heiter
und voller Humor; durch ihre sorglose ungekünstelte Wiedergabe fingen sie das Leben auf eine direktere Art ein, als
es eine sorgfältige Nachbildung jemals könnte.

Im Frühjahr des dritten Jahres, das ich in China verbrachte, kam die Energie, die ich bei meiner Ankunft ge-
spürt hatte – die unterschwellige Spannung, Nervosität,
bebende Erregung, die sich unter der Oberfläche der Gesellschaft bemerkbar machte, wieder zum Vorschein und
manifestierte sich in einem Rausch von Hoffnung und Op-
timismus. Neue Gedanken riefen Energien wach – die sich
am häufigsten in den Städten Ausdruck verschafften; neue
Gedanken wurden auch über die Meere gespült; unterdrückte Gedanken kamen aus ihrer Versenkung hervor.
Ich hatte das Gefühl, jeden Tag neuen verblüffenden Ver-

änderungen gegenüberzustehen. Und ich war genauso aufgeregt wie alle anderen. Im Laufe der Zeit wurde die Energie immer ungestümer, die Stimmen der Menschen wurden immer lauter und kulminierten im »demokratischen Frühling«. Aber ich sah, wie er brutal niedergeworfen wurde. Und ich sah in der Folge des vierten Juni 1989, wie Bücher verbrannt wurden, Geschichten zerstört wurden. Ich sah eingeschüchterte Künstler, die in Schweigen erstarrten. Große Kulturen erzählen Geschichten vom Leben, aber in China war die Luft von kleinen Lügen vergiftet.

Ausgebrannt, erschöpft, kehrte ich im Herbst 1989 nach Amerika zurück; ich kehrte voller Dankbarkeit im Herzen zurück – für das Recht der freien Meinungsäußerung, das mir in Amerika gewährt wurde. Ich kehrte mit dem festen Vorsatz zurück, dieses großzügige Geschenk mit beiden Händen festzuhalten – für alle Zeiten.

Dieser Vorsatz hat mich veranlaßt, die Geschichte, die ich, die Tochter von Joseph Yang, so sehr liebe, auf meine Weise zu erzählen. Es ist die Geschichte von Baba – der für eine lange, lange Reihe anderer Menschen spricht: die keine Stimme haben, die niemand kennt, die ohne einen Laut in den Wirren der Zeit verlorengegangen sind. Und Baba ist auch der Grund, daß ich diese bevölkerte Landschaft gemalt habe, die sich vor Ihnen ausbreitet – und in die Sie mir, wie ich hoffe, folgen werden.

BELLE YANG
Am 60. Geburtstag meiner Mutter,
dem 8. September 1992
Carmel, Kalifornien

BABA

Hunger

In einer Zeit, in der die Welt noch ein bißchen weiter war, und in der Jahreszeit, in der sich die Hirse schon rot gefärbt hatte, reiste Baba auf einem Pferdewagen von der Stadt Xinmin einsame sechzig Li weit bis tief ins Landesinnere, um seine Verwandten in Shantuozi zu besuchen. Das gleichmäßige *quok-quok-quok* der Hufe und das gelegentliche »Jiaaah!« des Fuhrmanns, der das Pony antrieb, waren die einzigen Geräusche in den wispernden Hirsefeldern, die sich bis zum mandschurischen Horizont erstreckten.

Es war ein fruchtbares Land: die reiche schwarze Erde Chinas.

Und von dem Wagen unter dem hohen Himmel in Wachträume geschüttelt, sah Baba die Geschichten vor sich, die man ihm weitererzählt hatte – wie der Große Ahnherr des Yang-Clans seine Frau, seine beiden kleinen Söhne und ihren gesamten weltlichen Besitz – ihre Töpfe und Pfannen – auf einen quietschenden Schubkarren geladen hatte und wie sie in der letzten Dekade des achtzehnten Jahrhunderts in dieses Land gekommen waren.

In jener Zeit erlebte die Herrschaft der Manchus, deren Vorfahren Nomaden in den großen Ebenen im Nordwesten gewesen waren, in der Hauptstadt Beijing ihren allmählichen, aber unaufhaltsamen Zerfall, so daß sie die

Chinesen am Ende nicht länger daran hindern konnten, sich auf ihrem heiligen Heimatboden niederzulassen.

Der Große Ahnherr – dessen Gesicht, wie Baba glaubte, genauso würdevoll und schön war wie das des Patriarchen, seinem Großvater – war gekommen, um Anspruch auf ein Stück dieses Landes zu erheben, das die Mandschurei genannt wurde und dessen Grenzen an die Mongolei, an Sibirien, an Korea und an das Gelbe Meer stießen. Hier würden er und seine Familie vor dem Hunger sicher sein, der in anderen Teilen des Reichs der Mitte herrschte. Hier würden seine Kinder und auch deren Kinder zu großen kräftigen Männern und Frauen heranwachsen und dem Land und dem Himmel zur Ehre gereichen, die sie nicht unterdrückten, sondern zuließen, daß sie sich mit schwingendem, weit ausholendem Gang voranbewegten.

»Jiaaah!« schnitt die Stimme des Wagenführers wieder durch die Luft und verharrte dort.

Als es dämmerte, erspähte Baba in der Ferne vor dem scharlachroten Himmel die Silhouette des Hügels, der Alter Großpapa hieß, und sah die Krähen, die zurückgeflogen kamen, um sich oben auf dem Hügel in den Zypressen niederzulassen, in deren Schatten viele Generationen seiner Vorfahren die ewige Ruhe gefunden hatten; bei diesem Anblick wurde ihm warm ums Herz, denn nun würde er schon bald unter einem heimeligen vertrauten Dach einkehren.

Und als er dann ankam, wurde er nicht enttäuscht. Wie immer umarmte man ihn mit einem freundlichen Lächeln, gab ihm eine warme Mahlzeit, bevor er sich auf dem Kang zusammenrollte, einem Aufbau aus Ziegelsteinen mit Binsenmatten obendrauf, der unten hohl war, damit die heiße Luft vom Küchenherd darin zirkulieren konnte. Wenn ihm danach zumute war, stieg Baba in manchen Nächten mit seinen drei Vettern in eine Hütte, die auf vier dicken Weidenstämmen bis hoch in den Himmel ragte; aus dieser luftigen Höhe hielten die Jungen auf dem Feld mit den reifen Wassermelonen nach Dieben Ausschau. Wenn es regnete, war es herrlich, dem *stk, stk* der Regentropfen zu lauschen, die auf das Strohdach prasselten; und wenn die Jungen auch mollig warm in ihrem Bett aus duftendem Heu lagen, dauerte es nicht lange, bis der Regen durch das Stroh sickerte und in ihr Nest tropfte.

Manchmal hörten sie die Wölfe heulen und zwischen der Hirse herumhetzen, die rings um das Melonenfeld wuchs. Die Vettern kannten die Geräusche, aber Baba, ein Junge aus Xinmin – der zu dem Zweig des ständig wachsenden Clans gehörte, der Shantuozi verlassen hatte, um woanders allein weiterzukommen –, fürchtete sich vor den hechelnden Lauten, den schnellen knirschenden Schritten auf dem sandigen Boden und den tiefgebeugten Schatten am Boden, die sich schnüffelnd heranschlichen. Um das Feld war ein drei Fuß breiter und sechs Fuß tiefer Graben gezogen, der die Murmeltiere davon abhielt, sich über die Melonen herzumachen – sie fielen hinein und gerieten in die kleinen Fallen aus Weidengerten –, aber für die Wölfe war der Graben kein Hindernis. Sie waren auch der Grund für die vier hohen Pfähle unter der Hütte.

In der Nacht waren die Wölfe am aktivsten, aber auch am Tag waren sie eine Bedrohung. Im Sommer, wenn zahlreiche kleine Säugetiere durch die Felder huschten, gingen sie einzeln auf die Jagd oder taten sich in kleinen Gruppen zusammen, aber im Winter, wenn es nicht so viele Nager, Hasen, Vögel gab, machten sie Jagd auf größere Tiere, kamen in Rudeln aus dem dichten buschigen Weidengehölz an den Ufern des Liu. Wenn sie ausgehungert waren und kühner, dann griffen sie auch die seelenvollen kleinen Esel mit den weißumrandeten Augen und den langen fedrigen Wimpern an, die das Volk im Norden so liebte – nicht rasch, sondern flink und behend und mit einer Sturheit, die auch den menschlichen Bewohnern der Mandschurei zu eigen war. Die Wölfe schnappten nach den Läufen der Esel und bissen sie in die Kehle, während die Fuhrleute ihre Peitschen schwangen, um die Glöckchen am Geschirr der Tiere in Bewegung zu setzen: Der plötzliche Lärm machte den Schurken Beine. Wenn ein Mann im Winter allein und zu Fuß unterwegs war, steckte er die trockenen braunen Felder in Brand, um die vierbeinigen Angreifer zu verjagen.

Wegen der drohenden Gefahr, die von den Wölfen ausging, wurden die Kinder ermahnt, sich nicht am Ufer des Liu aufzuhalten: denn einmal, als die Witwe Sonne bis lange nach dem Abendessen auf ihren Sohn gewartet hatte, fanden die Dorfbewohner am nächsten Tag dicht am Ufer, auf einer Lichtung verstreut, auf der der kleine Junge Ziegen gehütet hatte, Teile eines kindlichen Gerippes.

Als Baba der Witwe Sonne zum erstenmal begegnete, war sie schon ziemlich alt. Die Dorfbewohner nannten sie respektvoll Sonne Dai Nainai – Alte Großmutter Sonne –, obwohl sie niemals eigene Enkelkinder gehabt hatte. Im Sommer sah man sie abends oft in der Dämmerung in einem Feld mit hochstehender Hirse herumgehen, wo sie die langen fedrigen Blütenstauden entflocht, die sich im Wind ineinander verfangen hatten. »Hört auf mit dieser Dummheit! Warum müßt ihr euch immer streiten«, hörte Baba sie schimpfen. Nachdem die Alte Großmutter Sonne ihren Mann und ihr einziges Kind verloren hatte, verlor sie auch ihren Verstand und wurde zu einer *yaofan* – eine, die um Reis bettelt.

Nun muß man wissen, daß das Volk im Reich der Mitte dazu neigt, sich ständig mit seinen Mägen zu beschäftigen – wie ich glaube, mehr als jedes andere Volk auf der ganzen Erde. Zur Begrüßung sagen sie gewöhnlich: »*Ni chi le ma?*« – Hast du gegessen? – was nicht etwa heißen soll, daß sie die Absicht haben, den anderen zum

28

Essen einzuladen (genausowenig, wie sich der so Begrüßte der Illusion hingibt, zum Essen eingeladen worden zu sein), sondern einfach nur: »Wie geht es dir?« Und die übliche Antwort darauf lautet: »*Che quo le, che quo le*« – ja, ja, ich habe gegessen.«

Aber wenn die Alte Großmutter Sonne den verschiedenen Haushalten ihren jährlichen Besuch abstattete, füllten die Dorfbewohner ihren Getreidesack bis an den Rand; denn sie wurde schon erwartet und wie eine alte Freundin begrüßt. »*Ni chi le ma?*« sagten sie, was in diesem besonderen Fall eine ehrliche Einladung war, kein höfliches »Hallo«. Und sie stellten für sie noch eine Schale mit einem Paar Eßstäbchen auf den Tisch.

Aber nicht nur vor den Wölfen wurde Baba gewarnt, sondern auch vor den Straßenräubern – faule Kerle, die ehrliche Arbeit auf dem Feld verschmähten. Diese Banditen sprangen aus dunklen Verstecken neben der Straße hervor und schlugen dem einsamen Wanderer den Schädel ein. Sie sackten ein, was ihnen nicht gehörte, und flüchteten damit über alle Berge. Wenn sie mehr waren, tauchten sie in Rudeln auf und überfielen auf der Suche nach größerer Beute die Dörfer. Diese besser organisierten Banditen, bekannt als »Rotbärte«, kamen unter den verschiedensten Fahnen angeritten, aber auch sie plünderten die Dörfer aus und flüchteten dann.

Und später, in den Jahren, in denen Baba immer noch weiterwuchs und er immer mehr sah, kamen Männer von einem ganz anderen Schlag mit Getöse über die weiten Ebenen gejagt; sie waren am gierigsten von allen: Sie plünderten und mordeten und gingen nicht mehr weg. Dieser neue Menschenschlag verschlang alles, was bis dahin vertraut gewesen war, und schickte Baba, meinen Vater, durch das ganze große Reich der Mitte und meine Großeltern, als *yaofan*, zum Betteln auf die Dorfstraßen.

Meine Großmutter Nainai und ihre Schwägerin zogen mit ihren Kornsäcken durch dieselben Straßen, machten die gleiche Runde, wie es die Alte Großmutter Sonne zuvor schon so viele Jahre getan hatte. Vielleicht folgten sie, wenn es Herbst war, wenn die Hirse reif war, dem Weg der Witwe, aber vielleicht zogen sie auch schon früher im Jahr wieder weiter, vorbei an unbestellten Feldern, die, so weit das Auge reichte, mit einem Baldachin aus kleinen gelben Blütensternen zugedeckt waren. Doch ich hoffe auch, daß sie nicht noch weiterziehen mußten, bis hinein in den mandschurischen Winter, wo die Erde hartgefroren ist bis zu ihrem Kern. Nainais Schwägerin, eine fröhliche, leicht vergeßliche Frau, sang ihr kleine muntere Liedchen vor, während sie sich mühsam von einem Dorf zum anderen schleppten.

Mein Großvater Yeye begleitete Nainai manchmal, aber er war ein mürrischer Gefährte: dem verwöhnten ältesten Sohn des Patriarchen, einem Großgrundbesitzer, war sein zarter Rücken zu schade, er war viel zu stolz, um betteln zu gehen. Er blieb draußen vor den geflochtenen Gartentoren stehen, lehnte sich auf seinen Stab und wartete, bis seine gutmütige Frau mit ein wenig Reis, ein wenig Hirse oder vielleicht einer Handvoll Sojabohnen zurückkam.

Zu Beginn der sechziger Jahre wurde das Reich der Mitte von einer großen von Menschen verursachten Hungersnot heimgesucht und seine Untertanen allesamt zu *yaofan* gemacht; doch es war kein Reis mehr da, um den man hätte betteln können (ob sich die Menschen noch immer mit den grausamen Worten: »*Ni chi le ma?*« begrüßten?). In jenen Jahren war der Hunger unter den Menschen so groß, daß sie jetzt Jagd auf die Jäger machten. Die Zahl der Wölfe ging zurück.

Aber diese Geschichten, die vom Betteln und vom Hunger handeln, kannten Baba und seine Vettern damals noch nicht, als sie dem Regen lauschten, der in den dunklen Sommernächten auf den Sand und die Melonen prasselte. Doch nicht lange, und sie würden sie am eigenen Leib erfahren.

Von diesen und vielen anderen Geschichten erzählt er nun, während er seine dreißig Jahre alte Tochter wie ein dreijähriges Kind auf seine Schultern hebt und durch seine Erinnerungen trägt.

Flaschen am Himmel

 Die Erinnerungen meines Vaters beginnen 1931, als er drei Jahre alt war. Doch sein Bewußtsein wurde nicht von dem leisen Rascheln der Blätter an den Pappeln (*yang*, der Baum, dessen Namen unsere Familie angenommen hatte) ins Leben gerufen, sondern von einem ohrenbetäubenden *hwwoolong!* Mit diesem *hwwoolong!* schlug eine japanische Bombe im Süden des Sumpflandes ein, das an den Besitz des wohlhabenden Hauses der Yang grenzte. Meine Großmutter Nainai war gerade dabei, Babas nasse wattierte Hose über der Kohlenpfanne zu trocknen. Die Fenster aus Glas bogen sich nach innen und außen, aber die aus Papier stöhnten und ächzten und zersprangen wie weißes Porzellan.

Nainai, die ihr fünftes Kind im Bauch trug, rannte mit Baba, dessen nackter Hintern die beißende Novemberkälte zu spüren bekam, aus dem Haus und stürzte sich Hals über Kopf in den Schlund des unterirdischen Speichers. In dem düsteren Licht war es schwer, die Kohlköpfe von den Köpfen der Angehörigen des Hauses der Yang zu unterscheiden: der Patriarch und seine Frau, Babas Großeltern, zahllose Onkel, Tanten, Vettern und seine drei älteren Brüder. Sein Vater war unter den Verwandten und den ausgesuchten Gemüsesorten nicht zu finden; da er im Stadtzentrum für die Regierung des Kriegsherrn Zhang Xuelian arbeitete, war er, zusammen mit den anderen Zivilangestellten, evakuiert worden, als die Regierung vor den heranrückenden Japanern flüchtete.

Als die Gefahr vorüber war, kam die Familie aus dem Keller wieder ans Tageslicht, kniff die Augen zusammen und strahlte den Geruch von weißen Rüben aus. Die japanischen Piloten hatten die nach Süden fliehenden chinesischen Soldaten gesehen, die auf dem Besitz der Familie Yang ihr Lager aufgeschlagen hatten, und das Dach des Wohnhauses beschossen. Aber die Bombe hatte in der Luft geschwankt und war vorbeigeflogen, war von stürmischen Winden weiter nach Südwesten getragen worden.

Das unglückliche Ziel der verirrten Bombe war niemand anderes als die Familie Xiao. Die Bewohner von Xinmin nannten – wie Baba später auch – jeden Mann, jede Frau und jedes Kind des Xiao-Clans ohne Unterschied »Xiao Dafen« – Xiao die Dünger-Pastete. Das sollte keine Verunglimpfung sein – es war ihr rechtmäßiges Beiwort, denn die Familie Xiao beschäftigte sich mit der Herstellung von Düngemitteln. Als Baba zur Schule ging, sah er dort nicht gerade viel von den kleinen »Pasteten« in seiner Klasse: Diese Schulschwänzer halfen fleißig mit, tierische und menschliche Exkremente zu sammeln, die in einer tiefen Grube mit Sand, Erde und Wasser vermischt wurden. Alle ihre Vorfahren hatten mit Düngemitteln Geschäfte gemacht, und auch die künftigen Generationen der Xiaos würden dieses lebenspendende, lebensverbessernde Geschäft ohne jeden Zweifel weiterführen.

Die Familie – sie bestand aus sieben Personen, alle aus dem gleichen Guß: klein, pummelig und gedrungen – wurde später verängstigt, aber unverletzt aufgefunden. Der scheunenartige Bau, der ihr Zuhause war, stand, wie zuvor, krumm und schief in der Gegend, aber das Feld von der Größe eines Basketballplatzes, auf dem die Xiaos planmäßig und mit ameisenhafter Beharrlichkeit, fein säuber-

lich in Reihen, pastetengroße Küchelchen aus Dünger aus-
legten, um sie an der Sonne zu backen, in diesem Feld war
jetzt ein fast ein Meter tiefer und zwei Meter breiter Kra-
ter. Wenigstens ein halbes Dutzend Pasteten wurden in die
Luft geschleudert und landeten Gott weiß wo.

Später, als die japanischen Bomber weiter nach Süden
flogen, bis nach Jinzhou, erzählte man sich, daß die Bauern mit zusammengekniffenen Augen hinauf in den Himmel gestarrt und ausgerufen hätten:

»Also, jetzt seht euch das an! Noch mehr von diesen
großen Heuschrecken, die da oben herumschwirren.«

In letzter Zeit hatten die Menschen auf dem Land oft
sprachlos die einmotorigen Flugzeuge italienischer Bauart
am Himmel bestaunt, die zu der Luftflotte des Kriegsherrn
Zhang gehörten. Wie konnten diese riesigen Insekten am
Himmel bleiben, ohne herunterzufallen? Während ihrer
kurzen Bekanntschaft mit den fliegenden Maschinen hatten sie nie miterlebt, daß sie Gegenstände vom Himmel
warfen. Aber genau das tat jetzt eine über ihren Köpfen.
Als die angreifenden Japaner über Babas Heimatstadt Xinmin flogen, starrten die Männer und Frauen am Boden mit
offenem Mund zu ihnen hinauf und zeigten mit dem Finger auf die feindlichen Flugzeuge und sagten: »Also, jetzt
seht euch das an! Die großen Insekten werfen Flaschen
runter ... ausgerechnet Flaschen!«

Als die Flaschen dann in ihren Schweineställen landeten und ihre Tiere in den Schweinehimmel beförderten,
ging ihnen ein Licht auf.

In der ganzen Nachbarschaft redeten die Zhaos, die
Wangs, die Wus, die Huangs alle über die Zerstörung, die
die Flaschen hervorriefen. Sie wußten, was Kugeln waren – daß sie Löcher in einen Mann machen konnten–,
aber sie hatten noch nie gesehen, wie einer Kuh auf einen
Schlag die Hinterläufe weggerissen wurden... Das Bein einer Kuh! Eine Kuh war das größte Tier, das es gab. Je mehr

sie darüber redeten, um so größer wurde ihre Angst. Ganz Xinmin war in Aufruhr.

Aber in kürzester Zeit lernten die Menschen, sich vor den herunterfallenden Flaschen in Sicherheit zu bringen: Wenn über ihren Köpfen das *woong-woong-woong* der großen Insekten ertönte, wußten sie, was sie zu tun hatten, anstatt dazustehen und den Mund aufzureißen; manche rannten mit großen Holztabletts auf dem Rücken herum, um die Schläge abzuwehren.

Was für eine seltsame neue Welt;
plötzlich am Himmel der Dämon einer
großen Heuschrecke.
Er verschlingt das Korn auf den Feldern;
er ist auch gierig auf unser kleines Leben.
Die Bauern werfen ihre Schaufeln und Hacken weg.
»Eine neue Zeit hat begonnen!« rufen sie.

Das war das brandneue Liedchen, das die älteren Kinder sangen. Auch Baba sang die Wörter, schmeckte sie auf seiner Zunge, erkundete ihre Form, getrennt von ihrer Bedeutung. Mit der japanischen Invasion der Mandschurei, die am 18. September 1931 um Mitternacht begonnen hatte, war dieses neue Lied zum Lied des ganzen Landes geworden. In kürzester Zeit hatten die Flaschen, die vom Himmel fielen, die Bewohner der Mandschurei unterworfen und gezwungen, sich zum japanischen Marionettenstaat Manchukuo machen zu lassen. Einen Nachfahren der gestürzten Qing-Dynastie packte man am Genick und setzte ihn, hilflos zappelnd, als Kaiser auf den Thron.

In den Jahren nach der japanischen Machtübernahme sah Baba häufig eine kuriose menschliche Gestalt, die zu ihnen kam, um mit dem Patriarchen Jasmintee zu trinken. Weil er ein Verwandter war, irgendein ganz entfernter (ein Vetter der fünften Schwiegertochter vom Urgroßvater des Patriarchen oder so ähnlich!), wurde er wie ein Angehöriger der Familie willkommen geheißen.

»Ah, so sollte es sein«, sagte er zu Babas würdevollem Großvater. »Wie kann die Erde ohne den Kaiser bestehen? In den letzten zwanzig Jahren war der Drachenthron leer.« Alle kannten ihn als Wang, den kaiserlichen Schüler, obwohl er trotz zahlreicher Versuche während der Herrschaft der letzten Dynastie niemals auch nur die niedrigsten kaiserlichen Prüfungen bestanden hatte. Aber weil er schon von früh an mit einem so wichtigen Titel gekrönt war, fühlte er sich auch verpflichtet, danach zu leben. Diese Übung wurde ihm zur Gewohnheit, und mit den Jahren lernte er, sich mit gesetzten, langsamen Schritten voranzubewegen – nein, ein kaiserlicher Schüler sollte sich nicht dabei ertappen lassen, mit wehenden Kleidern in der Stadt herumzuspringen. Aber seine alten Augen – mit blaugrauen Pupillen vom grauen Star – waren noch immer von einer verwirrten Unschuld erfüllt.

Schüler Wang trug ein Manchu-Käppchen, auf dem ein großer roter Pompon saß, und sein Körper war in ein ordentliches dunkles Gewand gehüllt, aber das war es nicht, was die Aufmerksamkeit jener auf sich zog, die sich nach westlicher Art kleideten. Exzentrisch und altmodisch war nur, wie er sein Haar trug.

Als Zeichen seiner Loyalität gegenüber der gestürzten Qing-Dynastie hatte der alte Mann seinen langen schütteren Pferdeschwanz behalten, der ihm bis ans Steißbein reichte. Fast alle anderen hatten sich schon vor ewigen Zeiten den Haarschopf abgeschnitten, der ein Symbol für die Unterwerfung der Han-Chinesen vor der fremden Herrschaft der Manchus war – Nomaden, die von den Grasebenen gekommen waren. Und am Ende seines Zopfes hatte der Schüler Wang an einer hellroten Schnur zwei Münzen aus den Tagen der Qianlong-Herrschaft, der glorreichen Zeit der Manchu-Herrschaft, baumeln lassen.

»Mein alter Freund«, sagte er zu dem absolut gediege-
nen Patriarchen, der Dichter, Künstler, Mystiker und alle,
die vom allgemeinen Strom abwichen, um sich versammelte. »Wie du sehr wohl weißt, sind nun schon über
zwanzig Jahre seit dem Sturz der Qing-Dynastie vergangen. In dieser Zeit haben die Menschen nichts als Bitter-
keit geschluckt. Die Kriegsherren stecken sich diese alber-
nen Federbüsche oben an ihre Hüte – wie heißen die
doch? ... ah, ja – Tschakos, wie es in Europa beim Militär
die Mode ist – und stolzieren damit durch die Gegend. Sie
kämpfen miteinander um die Herrschaft über das Land.

Sie zerreißen das Reich der Mitte in einzelne Stücke, eins nach dem anderen.

Und dann sind da noch die, die von einer republikanischen Regierungsform reden. Welch ein Unsinn! Wir müssen zu den alten, bewährten Wegen zurückkehren, zur ehrwürdigen konfuzianischen Ordnung ...

Die Astrologen sagen, sie hätten das rote Licht über Beiping nach Norden, in Richtung Changchun, ziehen sehen, der neuen kaiserlichen Residenz«, sagte er, während sich seine feinen Finger um die Teetasse schlossen. »Es wird Frieden geben, nun, da der Sohn des Himmels wieder auf dem Thron ist.«

Als Baba alt genug war, um peinliche Gefühle zu kennen, sagte er sich immer, wenn er den Mann, dessen dünner Pferdeschwanz vom Gewicht der Münzen hin und her schwang, auf der Straße traf: »Ich weiß, er ist unser Verwandter und all das, aber ich wünschte, er würde nicht in unser Haus kommen. Jedenfalls nicht so oft.« Er musterte den Mann aus den Augenwinkeln, sah, wie er mit gemessenen Schritten daherkam und unter seinem steifen Gewand ein Bein vors andere setzte – ein Mann, der es auf sich nahm, die kerzengerade Haltung eines Mannes zu bewahren, der als Markstein der Vergangenheit galt.

Es war ein Glück für den kaiserlichen Schüler Wang, noch vor dem Sturz des letzten Kaisers zu sterben, als die Japaner nach der Explosion atomarer Flaschen über Hiroshima und Nagasaki die Mandschurei wieder aufgaben.

Aber das war sehr viel später. Bis dahin blieben die Japaner in der Mandschurei und sahen begehrlich noch weiter nach Süden, zu anderen auserlesenen Teilen des Reichs der Mitte, obwohl das dem dreijährigen Baba damals noch nicht einmal gerüchteweise zu Ohren gekommen war.

Der Horizont meines Vaters, der gerade bis zum Gartentor seines Elternhauses reichte, würde schon bald, ganz plötzlich, einen großen Sprung darüber hinaus machen.

Guanyin

 Der japanische Angriff auf die Mandschurei hatte meinen Großvater Yeye von der Familie getrennt. Er war zusammen mit der kriegführenden Regierung bis in den Süden der Großen Mauer geschwemmt worden, in den Schutz des eigentlichen Chinas.

Über zwei Jahre später, im Sommer 1934, als zwischen den Chinesen und Japanern eine brüchige inoffizielle Waffenruhe zustande kam, begleitete der Patriarch, mein Urgroßvater, Nainai und ihre fünf Kinder – zu denen jetzt auch ein einjähriges Mädchen gehörte, das Yeye noch nicht gesehen hatte – zu ihrer Wiedervereinigung nach Tianjin. Der Patriarch kehrte in die Mandschurei zurück, denn das Haus der Yang blühte und gedieh auch weiterhin. So brutal die japanische Besatzung bei ihrem Eintreffen auch vorgegangen war – jetzt wollte sie, daß das Leben ungestört weiterging. Sie regierte unauffällig durch den Marionettenkaiser hinter den Kulissen.

»Ich will wieder zurück!« rief der sechs Jahre alte Baba bei der Ankunft in ihrem neuen Heim in Tianjin aus. Durch einen Schleier aus Tränen hindurch sah er zu, wie seine Mutter den Altar von Guanyin aufstellte, der Göttin der Gnade, wie sie drei Räucherstäbchen anzündete, so dick wie ihre kleinen Finger, sich dann dreimal tief verbeugte. Die

Huldigung der Göttin war Nainais erste Pflicht nach dem Umzug an einen neuen Ort.

»Dagegen können wir nicht viel tun, Nummer vier. Die Mandschurei ist besetzt. Und in der Zwischenzeit ist es besser, wenn wir hier in Tianjin sind, und außerdem gefällt deinem Vater seine neue Arbeit als Generaldirektor der Jing-jing-Bergbaugesellschaft wirklich gut«, sagte Nainai. Ihre hohe Stirn war so glatt und faltenlos wie die der Göttin.

Die fußhohe Bronzestatue Guanyins stand auf den Blütenblättern einer aufgehenden Lotusblume; an ihrem Hals lag das alte Symbol der Sonne, das Hakenkreuz (von dem sanskritischen *svasti* – Wohlergehen – abgeleitet). Ihre ernsten Augen sahen zu Boden, aber Nainai wußte, daß die Gottheit über ihre Familie wachen würde; sie würde alle Bitten eines aufrichtigen Herzens erfüllen.

In der Nacht lag Baba wach, lauschte auf das wehmütige Pfeifen des Eisenbahnzuges, der nach Norden fuhr, seine eben flügge gewordene Seele reiste mit der Lokomotive heim zu den großen Ebenen, zum Südgarten, zu den Tieren im Hof.

Aber noch ehe ein Jahr vergangen war, hatte sich Babas Sehnsucht verflüchtigt: Er gewöhnte sich schnell an das Leben in Tianjin, liebte den Lärm und das Gewimmel der Hafenstadt. Mit einem Brötchen in der Tasche wanderte er frei durch die verschiedenen Stadtteile.

Weil es für Yeye so am günstigsten war, hatte sich die Familie am Ostufer des Flusses Hai niedergelassen, in einem Stadtteil, der Dawangzhuang hieß – Großes Dorf des Wang-Clans: Von hier aus war es nur ein kurzer Spaziergang bis zu seinem Büro am Flußufer.

Wenn Baba über die Zugbrücke Wanguoqiao ging – Brücke der zehntausend Nationen –, gelangte er zu den ausländischen Vierteln, deren Häuser von Bäumen überragt wurden.

Er fand das französische Viertel – vor allem den Lizhan Boulevard mit den vielen Läden, Theatern und Restaurants – »heiß und laut«, voller fieberhafter Geschäftigkeit und von Düften erfüllt. Es wurde von flinken, sportlichen vietnamesischen Polizisten mit Baskenmützen bewacht, deren Zähne vom Kauen der Betelnüsse ganz schwarz waren.

Das britische Viertel, in das die Familie ursprünglich hatte ziehen wollen, war im Vergleich zum französischen viel ruhiger; wenn Baba durch die Londoner Straße einer Wohngegend spazierte, wo rechts und links hohe stattliche Straßenlaternen standen, begrüßten ihn die leisen murmelnden Klänge eines Pianos oder die Mißtöne einer Violine, auf der ein Kind übte. Hier sorgten indische Wachmänner mit weißen Turbanen auf dem Kopf, so daß sie wie ein aufgegangenes *mantou* – chinesisches Dampfbrot – aussahen, und mit übergroßen Bärten (ihre Gesichtshaare wuchsen dichter und üppiger als bei Babas Vater und seinen Onkeln) für Ordnung.

Die italienischen und japanischen Viertel wirkten neben der strahlenden Pracht ihrer Nachbarn trüb und grau; die reichen Chinesen mieden diese Viertel und zogen es vor, sich im Luxus des französischen und des britischen Viertels zu sonnen.

Von allen Ausländern waren die Russen am armseligsten, fand Baba. Sie hatten ihr Territorium nach der russischen Revolution verloren und residierten jetzt zwischen den Chinesen in Häuserreihen an einem breiten Boulevard in Dawangzhuang.

»Ich habe sie schon mal gesehen – rote Gesichter, riesengroße grüne Augen, aufgeblähte Nüstern und goldene Pelze: wie die schrecklichen Statuen im Dämonentempel!« erklärte Baba, als er das erste Mal einen russischen »fremden Teufel« ausspioniert hatte.

Im Sommer schoben die Russen Tische und Stühle vor

ihre Häuser ins Freie und hielten Trinkgelage ab, tanzten auf dem Gehweg; dann war die Nacht von ihren fröhlichen Stimmen, dem Geruch von Alkohol, dem Flattern von Silbermotten erfüllt.

Das waren die Weißrussen, Exilrussen, armer Adel, die vom Verkauf von Juwelen und anderen vererbten Schmuckstücken lebten. Wenn sie alles verkauft hatten – bis zur letzten Glasperle –, suchten sie sich eine Arbeit als Leibwächter, Hausdiener oder Hostessen in Tanzhallen; wenn sie gefragt wurden, welchen Beruf sie hätten, sagten sie oft »Prinz« oder »Prinzessin«.

Aber die Russen besaßen die bemerkenswerte Fähigkeit, Dinge vorauszusehen. Gegenüber Veränderungen im politischen Klima waren sie hochempfindlich, so daß sie sich bevorstehender Gefahren im voraus bewußt waren. Plötzlich, eines Tages, bemerkte Baba, daß die russischen Häuser in Dawangzhuang wie leere Erbsenschoten aussahen. An den Sommerabenden waren auf dem Gehweg keine scharrenden Tische und Stühle mehr zu hören. Wohin waren sie alle verschwunden? Die meisten von ihnen hatten sich in den Süden, nach Shanghai, aufgemacht.

In demselben Jahr – es war, als Baba acht wurde –, ein paar Tage bevor auf dem Land das Getreide geerntet werden sollte, beobachtete er, wie sich der Himmel über Tianjin verdunkelte, und in seiner Brust breitete sich eine schreckliche Angst aus. Bald war die Stadt so dicht von Wolken aus Heuschrecken überzogen, daß die Sonne völlig verschwand. Die Luft schwirrte von dem Schlagen ihrer Zellophanflügel. »*Wanle! Wanle!* Es ist alles aus! Es ist alles aus für die Bauern!« hörte Baba die Erwachsenen rufen, die ihre Hände resigniert in den Himmel streckten. Nach zwei Stunden war von dem Getreide auf dem Land kaum noch etwas übrig.

Als die Heuschrecken das Korn der Menschen verzehrt hatten, füllten sich die Menschen ihre Bäuche mit Heuschrecken – riesige, garstige Heuschrecken, zehn Zentimeter lang, mit großen schrägen, streitsüchtigen Augen. (Das Landvolk nannte sie *gingtouleng* – grüne Trottel –, weil sie einen wie Dorftrottel anstarrten. Wenn Jugendliche sich dumm benahmen, nannte man sie auch *gingtouleng*.)

Bald darauf kamen die Bauern in die Stadt und gingen mit den lebenden Insekten, die in großen Deckelkörben wimmelten, von Tür zu Tür hausieren. Baba sah in den Häusern der Nachbarn zu, wie ihnen die Köche nacheinander die Flügel und die Hinterbeine ausrissen; die Insekten vermißten diese Gliedmaßen und hoben ihre Schwänze; die armen Dinger sahen aus wie überdimensionale Cashewnüsse, während sie sich auf ihren restlichen vier Beinen voranzubewegen versuchten. Hunderte von ihnen, über- und untereinander in weißen Emailleschüsseln in der Küche, erwarteten den Tod in dem zischenden *wok*. Sie wurden so lange in Öl gebraten, bis sie goldbraun und knusprig waren und so wohlriechend wie Pastetenkruste. Besonders schmackhaft waren die Weibchen mit Eiern.

Aber es war kein fairer Handel, Getreide gegen Heuschrecken. Es herrschte Hunger. Die Preise für Nahrungsmittel schnellten in die Höhe. Baba sah Bettler, die auf der Straße ihre Söhne und Töchter verkauften. Eines Tages beobachtete er einen Mann in Lumpen, der auf eine Trommel schlug, die aus einem langen, dicken Stück Bambus gemacht war, über dessen eines Ende eine Tierhaut gespannt war; an der Seite der Trommel waren Kupfermünzen mit Drähten befestigt, die herunterbaumelten und melancholisch bimmelten. Während der Mann die Musik machte, tanzte sein Sohn wie ein dressiertes Tier, stellte sich auf die Hände und sprang dann mit großer Gelenkigkeit wieder auf die Füße. Baba sah dem Jungen, der in seinem Alter war und unter seinem schmutzigen Gesicht und den zerrissenen Kleidern sehr hübsch aussah, tief in die intelligenten Augen.

Der Junge tat ihm leid. Wann immer die beiden von den Passanten mit ein paar Kupfermünzen belohnt wurden, verbeugten sich Vater und Sohn tief vor ihren Gönnern.

»Bald wird uns eine noch schlimmere Pest heimsuchen als die Heuschrecken«, hörte Baba in jenem Jahr die Leute sagen. Die Japaner waren jetzt schon fast sechs Jahre lang in der Mandschurei, und sie gaben sich nicht damit zufrieden, nur den Nordosten zu vereinnahmen. Ihr Appetit war größer geworden, und so richteten sie den Blick auf die Provinz Hebei, die im Süden der Großen Mauer lag. Sie sagten, sie benötigten dieses Territorium für die Mandschurei als eine Pufferzone gegen die Chinesen. Tianjin lag in der Provinz Hebei.

Als das japanische Kontingent von der Mandschurei auf Tianjin losmarschierte, tauchten in den schmalen Gassen chinesische Soldaten auf, die in grauen Uniformen zu zweit Patrouille gingen. Das kam Baba merkwürdig vor. Ihre Schwerter, mit blitzenden Klingen und Griffen, um die blaue und weiße Bänder gewickelt waren, sahen aus wie die Waffen in den Schlachtszenen chinesischer Opern.

»Wer hat diese Soldaten hierhergeschickt? Und haben sie wirklich geglaubt, solche Waffen könnten auch nur das Geringste gegen den Feind ausrichten?« fragten die Erwachsenen. Die Japaner waren mit den fortschrittlichsten Waffen ausgerüstet, die es überhaupt gab. Aber bevor die Japaner die Stadt noch erreicht hatten, verschwanden die Soldaten wieder.

Am siebten Juli 1937 (der Tag, den manche Historiker als den Beginn des Zweiten Weltkriegs im Fernen Osten bezeichnen) trafen in der Nähe der Marco-Polo-Brücke, westlich von Beiping-Nördlicher-Frieden (bis 1926 Beiping-Nördliche-Hauptstadt), kaum mehr als achtzig Meilen nordwestlich von Tianjin japanische Truppen auf chinesische Armee-Einheiten. Innerhalb von drei Tagen überrannten die Japaner die frühere Hauptstadt.

Doch in Tianjin konnten diese Ereignisse der oberflächlichen Ruhe der Stadt nichts anhaben. Die Bevölkerung zeigte keine Anzeichen von Furcht; eigentlich zeigten die Menschen überhaupt keine Gefühle. Sie hatten seit den letzten Tagen der Qing-Dynastie schon alle möglichen Kombinationen natürlicher und von Menschenhand verschuldeter Katastrophen miterlebt. »*Meifazi* – wir können nichts tun«, sagten sie mit einem Schulterzucken. Sie kamen sich vor wie ohne Beine und Flügel, so wie die Heuschrecken.

An dem Tag, an dem die Japaner in Tianjin einzogen – zu Fuß, zu Pferd, auf Panzern und mit Kanonen auf Pferdewagen –, leisteten die Bürger keinen Widerstand. Baba gesellte sich zu der Menschenmenge, quetschte sich zwischen ihr hindurch, um ihnen mit offenem Mund nachzustarren, als handelte es sich um Akrobaten, die hoch zu Roß mit ihren Tieren in die Stadt einzogen.

»Wirklich interessant«, dachte er. »Die Fahnen an ihren Wagen haben einen roten Fleck auf einem völlig weißen Hintergrund. Wie ein Dominostein. So völlig einfach.« Es war das erste Mal, daß Baba die japanische Nationalfahne, die aufgehende Sonne, sah.

Aber an einem wolkenlosen, kristallklaren Nachmittag im Sommer, Ende Juli und wenige Wochen nach der Ankunft der Japaner in der Stadt, beobachtete Baba die Schatten geflügelter Maschinen, die über die Straße von Dawangzhuang glitten und zur anderen Seite des Flusses übersetzten. Als sie das nördliche Ufer erreicht hatten, ließ jedes der Flugzeuge zwei Bomben fallen. Weil die chinesische Regierung nicht kapitulierte und die Provinz preisgab, trieben die Japaner den Krieg noch weiter voran und holten zu Schlägen gegen die lebenswichtigen Organe aus. Wenn Beiping das Gehirn der Provinz war, dann war Tianjin ihr Herz.

Baba und die Kinder aus der Nachbarschaft sahen mit

wachsendem Entsetzen von Dawangzhuang aus zu, wie aus den zerstörten Regierungsgebäuden büschelweise Rauch aufstieg; sie atmeten den beißenden Geruch der Zerstörung ein.

Die Bomben hatten die Bevölkerung schließlich aus ihrer Erstarrung geweckt. Zu Hause hörte Baba die erschrockenen Schritte der Erwachsenen in alle Richtungen eilen. In dem Durcheinander verschwand das jüngste Mitglied der Familie, sein kleiner Bruder, in den Armen der Bäuerin, die seine Amme war. Yeye, der Babas Schwester und seinen dritten Bruder mitnahm, organisierte eine Unterkunft in der Londoner Straße, im britischen Viertel der Stadt; dort würden sie in Sicherheit sein, denn die Japaner gaben sorgfältig acht, keinen Besitz von Ausländern zu zerstören.

Nainai blieb zurück, um das Haus vor Plünderern zu beschützen. Baba und sein zweiter Bruder beschlossen, bei ihrer Mutter zu bleiben (der älteste Bruder war nicht bei ihnen, er studierte in Beiping): Keiner von ihnen hatte große Lust, seine Zeit bei dem strengen Vater zu verbringen, der alles, was sie taten, heftig beanstandete und sie mit allem schlug, was ihm gerade in die Hände kam, sogar mit schweren Teakholzmöbeln.

Als Yeye am zweiten Tag noch immer nicht zurückgekommen war, um den Rest der Familie nachzuholen, schickte Nainai Baba und seinen zweiten Bruder an den Fluß, um dort einen Unterschlupf zu suchen.

»Geht! Geht schon. Geht schon, ihr beiden!« rief sie mit fester Stimme und drückte ihnen etwas Geld für Essen in die Hand. »Geht zu irgendeinem Lagerhaus, auf dem eine ausländische Fahne weht. Dort werden die Japaner bestimmt keine Bomben abwerfen«, sagte sie. »Ich muß hierbleiben und das Haus bewachen. Diese Plünderer werden immer frecher, jetzt brechen sie schon bei hellem Tageslicht in verlassene Häuser ein.«

Als sie bei dem am Wasser gelegenen Lagerhaus von Butterfield und Swire, einer britischen Handelsgesellschaft, ankamen, wimmelte es dort schon von Flüchtlingen. Die beiden Jungen fanden unter dem großen Dach Unterschlupf. Es blieb ihnen gar nichts anderes übrig, als drinnen zu bleiben, denn mit Einbruch der Dunkelheit hatten die Japaner das Kriegsrecht über die Stadt verhängt. Doch in der riesigen Halle wurde Baba in dem Gewimmel der zehntausend Flüchtlinge schon bald von seinem Bruder getrennt. Um alles nur noch aufregender werden zu lassen, braute sich während der Nacht über der Stadt auch noch ein Sturm zusammen. Der Regen prasselte auf den Fluß und trommelte auf das Blechdach.

Am nächsten Tag und dem darauffolgenden klatschte der Regen wie nie enden wollender Applaus auf sie herab. In dem düsteren Licht des Lagerhauses hörte Baba Gerüchte, wonach die Fischer am Fluß in den vergangenen Wochen riesige Fische von der Größe eines Karpfens – aber so bunt wie Goldfische – aus dem Wasser gezogen hätten. »Das ist komisch! So etwas habe ich noch nie gesehen, so rot wie Blut, diese Fische«, sagten die Leute. »Wahnsinn! Das muß ein böses Omen sein, das verspricht nichts Gutes ...«

In der Nacht verkroch er sich zwischen den fremden Menschen, das monotone Geräusch des Regens lähmte seine Gedanken. Er machte die Augen zu und versuchte zu schlafen, aber es gelang ihm nicht; er mußte an seine Mutter denken, die ganz allein ein dunkles Haus verteidigte.

Er stand ihr sehr nahe, so wie alle seine Geschwister. Sie war sanft und sagte selten ein böses Wort. Wenn sie ihn dabei ertappte, wie er in ihrem Nähkasten nach Schnüren für seine Drachen stöberte, griff sie nur sehr langsam nach ihrem kurzen Besen, ließ ihm jede Menge Zeit, sich davonzumachen. Und wenn er erst einmal geflüchtet war, vergaß sie seine Missetat schnell wieder.

Als sie noch in der Mandschurei lebten und er noch viel kleiner war, tappte er gern hinter ihr her in den Nordgarten, wenn sie Kohl für das Essen holte. Er erinnerte sich noch an einen Tag, an dem zwischen den Gemüsereihen zwei lärmende Spatzen saßen, die sie bei ihrem munteren Treiben gar nicht bemerkt hatten und die Nainai nun mit ihrer großen blau-weißen Schürze fing. Sie befestigte das Bein des einen Vogels mit einer langen Schnur am Bein des anderen und erlaubte Baba, eine Weile mit ihnen zu spielen; aber bald darauf kam sie zurück, um die Schnur loszumachen und die Spatzen freizulassen, nachdem sie nun nicht mehr in der Stimmung waren, sich zu zanken.

Und sie war es auch, die viele Monate damit zubrachte,

Stoffschuhe für ihn zu nähen, die er beim Frühlingsfest, dem chinesischen Neujahr, zu dem alle Kinder neue Sachen zum Anziehen bekamen, anziehen sollte. Er sah sie vor sich, wie sie den Schuh, an dem sie nähte, in der einen Hand hielt, und die Nadel mit dem Faden in der anderen. Er erinnerte sich noch, wie sie versucht hatte, seinen Fuß in den einen Schuh zu zwängen, wie sie gegen die Sohle geklopft hatte, damit er paßte; aber als der Fuß dann endlich drin war, war die große Zehe völlig krumm. Sie brauchte immer lange, bis sie einmal zornig wurde, aber, ach, diese Tränen der Enttäuschung, als sie feststellte, daß ihm die Schuhe zu klein waren, noch bevor sie überhaupt die Sohlen angenäht hatte!

Sie arbeitete unermüdlich! Und ihre einzige Leidenschaft, der sie sich hingab, bestand darin, mit leerem, ausdruckslosem Gesicht langsam, nachdenklich an ihrer langen Pfeife zu ziehen. (Sie hatte schon seit ihrem dritten Lebensjahr geraucht! Pfeife zu rauchen war bei den Frauen der Mandschurei eine Tradition.) Aber nur eine ganz besondere Sorte Tabak. Yeye hatte versucht, sie zu überreden, sich auf die zivilisierter aussehenden Zigaretten umzustellen, denn er war jetzt Direktor einer großen Gesellschaft in einer modernen Stadt, und eine Frau, die Pfeife rauchte, war ihm zu provinziell.

»Bah! Die schmecken nicht«, hatte sie von den Zigaretten gesagt. Nein, sie würde ihre Pfeife nicht aufgeben; als einer ausgebeuteten Mutter und Ehefrau sollte man ihr wenigstens dieses kleine Vergnügen gönnen.

Daran und an viele andere Dinge dachte er, als er sich inmitten der nassen Körper im Lagerhaus auf den Boden kauerte, und beschloß, wieder zu Nainai zurückzugehen, ob es nun gefährlich war oder nicht. Wo sie war, da war auch sein Zuhause. Am dritten Morgen, nachdem er seinen zweiten Bruder noch immer nicht in der Menschenmenge gefunden hatte, machte sich Baba auf den Heimweg.

In den Straßen war es still, und sie wurden immer verlassener, je weiter er sich vom Hafen am Wasser entfernte. Der Regen war wie feiner Nebel. Seine Schritte knirschten laut im Sand und dröhnten in seinen Ohren. Vor ihm gingen zerlumpte Männer, in einer Reihe hintereinander, die von einem Mann mit einem Taktstock angeführt wurden. Baba sah, daß es Opiumsüchtige waren, die jetzt die Häuser plünderten; ihr Anführer führte sie zu verlassenen Häusern.

Etwas später sah Baba mehrere Körper, die im Rinnstein lagen – Leichen –, und er unterdrückte einen Entsetzensschrei; vielleicht hatten die japanischen Soldaten *»Tomale! Wugokuna!«* geschrien, und die Männer hatten ihre Befehle, stehenzubleiben, nicht befolgt und waren in der Nacht erschossen worden.

Er drückte sich dicht an die Mauer neben der Straße, wollte sich an einem Kontrollpunkt an den japanischen Soldaten vorbeischmuggeln. Aber sie hatten ihn schon entdeckt. Sechs von ihnen näherten sich ihm, hielten die Spitzen ihrer Bajonette auf ihn gerichtet. Baba wurde blaß und wich zurück.

»Hunnh!« schrie der eine, während sein Bajonett auf ihn zugeschnellt kam. Baba umklammerte seinen Bauch, kniff die Augen fest zusammen, konnte aber noch immer das Funkeln der Klinge sehen. Er fühlte die Spitze an seinem Hemd, hörte lautes Gelächter. Als er die Augen wieder aufmachte, streckte einer der Soldaten den Arm nach ihm aus – und zerzauste sein Haar. Alle brüllten vor Lachen über ihren schaurigen Scherz, genossen das Entsetzen im Gesicht des Kindes. Dann winkten sie ihm zu, weiterzugehen.

Als er an seinem Elternhaus angekommen war, gelang es ihm nicht, so sehr er sich auch anstrengte, das zerbeulte Tor aufzustoßen, das, wie es aussah, von Bajonettstößen gezeichnet war. Er sah sich erschrocken um.

»Mama! Mama!« rief er heiser und schlug mit seinen kleinen Fäusten gegen das Tor. Er bekam keine Antwort.

»*Mama! Mama!*« Seine Schreie wurden immer ängstlicher.

Es schien eine Ewigkeit zu dauern, bis ihm seine Mutter endlich antwortete. Schwach und sehr weit weg klang ihre besorgte Stimme hinter der Wand. Baba weinte fast vor Freude.

»Ich kann das Tor jetzt nicht aufmachen, ich habe den Eingang versperrt«, hörte er sie rufen. »Geh zurück! Geh zurück zum Wasser! Dort ist es sicherer für dich. Hier ist noch ein bißchen Geld für Essen!«

Eine dicke Rolle mit Geldscheinen, die von einem Gummiband zusammengehalten wurden, landete mit einem klatschenden Geräusch vor seinen Füßen. »Geh zurück! Geh zurück! Letzte Nacht sind Soldaten ... japanische Soldaten hier eingebrochen ...«

Meine Großmutter Nainai, die damals noch jung war, mit heller Haut und sehr hübsch, hatte sich in der zweiten Nacht ihrer einsamen Wache in dem dunklen Haus zusammengekauert. Plötzlich: *Boom! Boom! Boom! Boom! Boom!* hörte sie Riesen an die Tür hämmern.

Entsetzt vor Angst kniete sie vor Guanyin, der Göttin der Gnade, nieder und berührte mit der Stirn den Boden, während die unsichtbaren Wesen weiter an die Tür klopften. Dann das Knirschen von Metall an Metall. Ein plötzliches Krachen. Die Riesen waren in das Haus eingedrungen, um sich zu laben.

Aber da waren gar keine Riesen, sondern die »kleinen Teufel«, wie die Chinesen die Japaner nannten.

Nainai kniete vor Guanyin am Boden und wagte es nicht, sich zu rühren; sie wagte kaum zu atmen.

»*Emituofuo, emituofuo, emituofuo*«, betete sie leise zu der Göttin Guanyin.

Sie hörte laute Schritte, die in ihren Ohren wie Donner

klangen, und als sie aufblickte, sah sie, wie ein Soldat seine Hand hob und den Arm nach unten schwang. Ihr Herz klopfte laut und drückte ihr fast die Kehle zu.

Der Soldat nahm seine Kappe ab.

Er verbeugte sich tief vor dem Altar der Göttin. Drei seiner Leute folgten seinem Beispiel.

Nainai atmete auf. Wahrscheinlich beteten sie für ihre Frauen und Kinder und für ihre alten Eltern daheim, dachte sie.

Die Japaner durchsuchten das ganze Haus nach versteckten chinesischen Soldaten, und als sie keine fanden, nickte der Sergeant Nainai zu, genauso wie sich ein zufriedener Gast für die Gastfreundschaft bedankt. Ohne ein Wort zu sagen, führte er seine Männer aus dem Haus und durch den vorderen Garten. Höflich machten sie das herunterhängende Tor hinter sich zu.

Nainai rückte schnell von innen die schweren Möbel vor das Tor. Die unmittelbare Bedrohung durch die Japaner war vorüber, aber nun fürchtete sie sich vor den Opiumsüchtigen, die in rabiaten Banden über die Häuser herfielen. Sie hörte diese verzweifelten Männer während der Nacht noch viele Male an das Tor schlagen, hörte die schrillen Pfiffe der japanischen Soldaten, die Jagd auf sie machten – manchmal das Geräusch von Gewehrschüssen –, und danach sich entfernende Schritte im Regen.

Die mitternächtliche Begegnung mit den japanischen Soldaten hatte meine Großmutter erschreckt, aber die Männer hatten ihr nichts getan, und sie hatten auch keine Truhen durchwühlt, kein Geld, keinen Schmuck genommen, keine Uhren, wie sie es in den Nachbarhäusern getan hatten.

Im Verlauf der Woche wurde die Familie in einem Haus im britischen Viertel der Stadt, das einem Bekannten von Großvater Yeye gehörte, wieder vereint. Die Japaner setzten ihre Marionetten in Tianjin ein, und die Truppen bewegten sich südwärts. An der Oberfläche nahm das Leben in der Stadt wieder seinen alten Lauf. Der einzige erkennbare Unterschied waren die kleinen japanischen Fahnen, mit denen die Bürger die Tore an ihren Häusern schmücken mußten.

Von dieser Zeit an wurde Nainai eine noch glühendere Anhängerin der Göttin Guanyin und ihrer beschützenden Kräfte. Morgens und abends den Weihrauch anzuzünden und tiefe Verbeugungen zu machen genügte nicht mehr: Baba konnte beobachten, wie seine Mutter auch am Mittag der Göttin Ehre erwies.

Die Göttin wachte über die Familie, wo immer sie hinging, und am Ende hat sie alle wieder wohlbehalten in ihre Heimat in der Mandschurei zurückgebracht.

Ein Sesamkorn

Als die Japaner nach Tianjin kamen, enteigneten sie die Jingjing Kohle-Bergbaugesellschaft. Mein Großvater Yeye verlor seine Stellung. In jenem Herbst des Jahres 1937 zog er mit der ganzen Familie nach Beiping um und investierte dort sein Geld in einer Goldmine in den Bergen von Miyun, nördlich der Stadt. Aber keine zwei Jahre später übernahmen die Japaner auch diese Gesellschaft, und weil ihm nichts anderes einfiel, beschloß Yeye, mit der Familie in die Mandschurei, in das väterliche Elternhaus, zurückzukehren.

Die Mandschurei war noch immer von den Japanern besetzt, und nach seiner Rückkehr weigerte sich Yeye, arbeiten zu gehen: Er beabsichtigte nicht, auch nur einen Finger zu rühren, um diesen unrechtmäßigen Staat Manchukuo direkt oder indirekt in Gang zu halten. Lieber blieb er zu Hause und verbrachte seine Zeit in Meditation. Aber unter der äußerlichen Ruhe tobte ein Sturm – er war zornig über die dicken Felsbrocken, die das Leben über sein Haupt geschüttet hatte.

Es war Baba, sein vierter Sohn, der gerade das ungestüme Alter von elf Jahren erreicht hatte – und der sich nun wieder in den großen mandschurischen Weiten tummelte und wilde Sprünge vollführte –, der seinen tiefen Zorn am heftigsten zu spüren bekam.

Yeye schlug sich an die Stirn. Wie an einer Schnur aufgefädelte Perlen thronten an die dreißig Tauben in einer Reihe auf den Dachziegeln, schnäbelnd, gurrend, den Darm entleerend, während sich die Herbstsonne in ihren Federn spiegelte. Yeye betrachtete sie aus zusammengekniffenen schmalen Augen, denn er fühlte sich durch ihre Rückkehr verhöhnt: Gerade erst diesen Morgen hatte er, unter tränenreichen Protesten des Sohnes Nummer vier, den Gehilfen angewiesen, sämtliche Vögel einzufangen und bis tief ins Landesinnere zu bringen.

»Gott sei Dank, die wären wir los«, hatte er gemurmelt, während er dem Mann hinterhersah, als er mit den Vögeln im Taubenschlag losfuhr und das Quietschen des Wagens immer leiser und leiser wurde, während er in der Ferne vom Nebel verschluckt wurde.

Am Nachmittag, als Baba von der Schule heimkam, schrie und jubelte er und drehte sich auf dem Hof wie verrückt im Kreis herum: Ja, seine Freunde hatten wieder nach Hause zurückgefunden.

»Die Vögel stören den vierten Sohn beim Lernen«, sagte Yeye, aber Baba wußte, daß das nicht im entferntesten stimmte; sein Vater hatte nie Interesse daran gezeigt, seinen Kindern eine Ausbildung zu verschaffen, außer seinen beiden ältesten Söhnen; jeden Herbst mußte Baba darum bangen, von seinem Vater die paar Yuan für seinen Unterricht zu bekommen. Voller Neid sah er, wie seine Freunde von ihren Eltern mit neuer Schulkleidung ausgestattet wurden, und er schämte sich.

Es ist immer dasselbe, dachte er. Am Tag bevor die Schule beginnt, muß ich um das Geld betteln. Ich wäre lieber einer von ihnen: Ich wäre lieber aus einer armen Familie mit wenig Kindern. Die Eltern kümmern sich wenigstens um das eine Kind oder die zwei Kinder, die sie haben – während wir nicht viel anders als Haustiere gehalten werden.

»Kinder sind *nie zhang* – die Strafe für die Sünden in einem anderen Leben. Sie sind wie eine Pest, die über einen kommt«, hatte Baba seinen Vater oft sagen hören. Aber warum beklagte sich Yeye nur so sehr über sie? Er war der älteste Sohn eines reichen Mannes; er hatte es nie nötig gehabt zu arbeiten; Babas Großvater, der Patriarch, sorgte für alle, die unter seinem Dach lebten.

Und tatsächlich konnten die Kinder Yeye manchmal nützlich sein. Wenn er Lust hatte, einen Ausflug aufs Land zu machen etwa. Als er eines Frühlingsmorgens seinen eleganten Spazierstock schwang, forderte er Baba auf, ihm in einigem Abstand zu folgen, um seinen Ranzen zu tragen. Ein kleiner Herr in Bereitschaft. So belanglos wie ein Sesamkorn. Am Nachmittag begab sich sein unbotmäßiges väterliches Elternteil dann in ein Restaurant, um eine gute Mahlzeit zu sich zu nehmen. »Sag aber deiner Mutter nichts davon«, waren seine einzigen Worte, die er während des ganzen Tages an Baba richtete.

Die Kinder konnten auch nützlich sein, wenn Yeye mit seinem eigenen Vater eine Meinungsverschiedenheit gehabt hatte und in Ungnade gefallen war. Dann wurden Baba und seine Brüder und Schwestern alle im Zimmer des Patriarchen versammelt (der alte Herr war so erhaben und so unnahbar für seine Enkelkinder, als wäre er der Große Jadekaiser im Himmel), alle nebeneinander in einer Reihe, wo sie sich mit einer tiefen Verbeugung für ihre Eltern entschuldigten. *Bong! Bong! Bong! Bong!* schlugen ihre kleinen Köpfe auf den Boden – wie Kastanien, die im Herbst aus den Bäumen fallen.

»In einer so großen Familie, in der mehrere Generationen unter einem Dach leben, sind Kinder – und ich habe jetzt sieben davon! – auch ohne ihre Schoßvögel, die alles vollscheißen, eine Plage«, murmelte Yeye an jenem Nachmittag, als die Tauben zurückkehrten. Er schloß die Augen und setzte sich mit gekreuzten Beinen hin und versuchte zu meditieren; das einzige Geräusch im Zimmer war das ständige Schnaufen, während er *gi* – den Atem des Lebens – durch seinen Körper fließen ließ. Für den Augenblick würde er an sich selbst arbeiten, um am Ende seines sterblichen Lebens das Nirwana zu erreichen. Er würde die Tauben vergessen, die zurückgekehrt waren – wenigstens vorübergehend. Er würde andere Mittel und Wege finden, sie loszuwerden. Und er wurde sie tatsächlich los.

Es brach Baba das Herz, als man seine Tauben an Verwandte auf dem Land verschenkte, aber er tröstete sich, indem er aus alten Orangenkisten einen neuen schönen Taubenschlag baute. Er wußte, daß er in einem Jahr – schon im nächsten Herbst – eine neue Schar herangezogen haben würde.

Er war mit jedem Stadium ihres Wachstums und ihrer Entwicklung vertraut. Im Frühling produzierten zwei Vögel, die sich für das Leben gepaart hatten, ein paar Eier, die sie abwechselnd bebrüteten; Baba wußte, daß das ungelenke nackte Junge – ein rosiges Stück Fleisch – am achtzehnten Tag ausschlüpfen würde: keinen Tag früher, keinen Tag später.

Er erwartete ihre Ankunft mit ungeheurer Spannung – mit größerer Begeisterung, als es den Vogeleltern lieb war, denn am achtzehnten Tag versuchte sie Baba, trotz ihres gurrenden Protestes, mit den Händen von ihren Eiern zu schieben, um nachzusehen, ob es Anzeichen für ausschlüpfende Jungvögel gab. Unter den kleinen Vögeln, die sich aus den Schalen befreiten, wurden aller Voraussicht nach auch ein Männchen und ein Weibchen sein. Die würden sich dann ebenfalls paaren.

Die Vogeleltern fütterten ihre Jungen abwechselnd, bis deren Köpfe riesengroß waren; als sie schon ein bißchen älter waren, nickten und wackelten die Jungen mit ihren schweren Köpfen, während sie mit geschlossenen Augen bemüht waren, ihre Hälse noch mehr zu dehnen. Mit der

Zeit verloren die häßlichen Jungen ihre gelben Daunenfedern, und ihre stachligen Schwanzfedern verwandelten sich in prächtige weiße Federbüsche. Als Baba sie auf seinen ausgestreckten Händen hüpfen ließ, um ihr Gewicht zu prüfen, gaben sie schrille Töne von sich. Aber sie wehrten sich nicht, denn er war ihnen genauso vertraut wie ihre Eltern.

Sobald ihre Flügel kräftig genug waren, übte Baba mit den Grünschnäbeln früh am Morgen, vor der Schule, seinen Ruf zu beantworten. Dabei schlugen sie wild mit den Flügeln um sich und hüpften bei ihren ersten Versuchen, hochzufliegen, auf seiner Hand auf und ab.

»Fliegt, meine kleinen Freunde, fliegt fort, aber kommt immer zurück«, sagte Baba zu ihnen.

Nach einem Monat konnten sie Babas trällernden Pfiff erkennen. Und am Ende des dritten Monats waren sie schon kräftig genug zum Fliegen; aber wenn sie seinen Ruf hörten, zogen sie Kreise und stürzten sich von hoch oben im Himmel herunter und landeten auf seinem Kopf und seinen Schultern; er wußte genau, wie er sie aus den Winden herunterholen konnte.

In jenem Sommer besuchte Baba die Familie seines dritten Onkels auf dem Land; es war ein Vorwand, um seine Vögel wiederzusehen, die man im vergangenen Herbst weggegeben hatte. Die weißen Tauben hatten sich mit wilden Tauben gepaart, und unter den Balken der Scheune flatterte eine neue Generation gesprenkelter junger Tauben, jede mit einer eigenen einzigartigen Markierung. Der Geruch von Pferdemist lag in der Luft, und die Sonne fiel in staubigen blauen Lichtstreifen durch die Ritzen im Dach; die Flügel der Vögel glänzten silbern.

Als er in der Stille des Raums, der nur von dem weichen Gurren erfüllt war, zu ihnen hinaufsah, erinnerte er sich wieder an die Zeit, als er sie mit den Händen dicht an sein Gesicht gehalten hatte, um die konzentrischen golde-

nen Ringe in ihren Augen zu betrachten. Er erinnerte sich daran, wie seidig sich ihre Federn angefühlt hatten, wenn er mit den Fingern darüberstrich, an den Beinen hinunter, bis zu den Zehen. Er dachte zurück an die Zeit, als er ihnen getrocknete Erbsen an die stoppligen rosigen Schnäbel gehalten hatte. Jetzt würden sie nicht mehr zu ihm kommen. Sie hatten seine Stimme längst vergessen.

Als es Herbst wurde, hatte sich Babas neue Vogelschar vermehrt und war erwachsen geworden. »*Whoo-whoo!*« rief er ihnen zu, wenn er morgens die Arme schwenkte, um die faulen Dinger zum Fliegen zu ermuntern (die Vögel zogen es vor, ihr Fressen im Taubenschlag im Auge zu behalten). Baba lief mit ihnen auf die weiten offenen Felder, sah ihnen nach, wenn sie am Himmel ihre verwirrenden Kreise zogen und das Schlagen der Flügel immer leiser wurde, je höher sie hinaufstiegen, bis sie nur noch winzige weiße Flecken waren, die in Wolkenkissen verschwanden.

»Bitte, kommt zurück!« betete Baba stumm, und sein Herz schlug schneller. Obwohl sie immer zurückgekommen waren, konnte er sich nie ganz sicher sein: Vielleicht blieben ein paar von ihnen bei einer anderen Schar. Wenn sie dann wieder auftauchten, zählte er sie. Er kannte jede einzelne von ihnen, selbst im Flug.

Aber Babas Freude war mit wachsender Angst gepaart: Er wußte, daß man ihn bald wieder zwingen würde, seine Vögel wegzugeben.

Als es Herbst wurde, kam Kleiner Yao, ein rundlicher Vetter mit verschlafenen Augen und großen Ohren zu Besuch. Er stammte aus Erlingsuo, das in Richtung der Inneren Mongolei lag. Yeye erkannte eine günstige Gelegenheit sofort, wenn sie sich bot: Babas Vögel wurden dem Vetter angehängt. Als der junge Mann den Taubenschlag auf seinen Wagen lud, stand Baba stumm dabei und starrte auf die Knopfaugen seiner zerzausten, aufgeregten Freunde. Er weinte große, dicke, salzige Tränen, die auf seinem Gesicht brannten.

»Fliegt, meine kleinen Vögel, fliegt fort, aber bitte kommt zu mir zurück«, flüsterte er. Aber diesmal wußte er genau, daß sie niemals wieder zurückkommen würden. Erlingsuo war einfach zu weit weg.

Aber als Kleiner Yao aufs Seitenbrett stieg, hörte Baba

Worte, die er in seinem ganzen Leben nicht vergessen würde:

»Man darf einem Kind nicht alles wegnehmen, was ihm
lieb ist«, sagte die Stimme zu Yeye. »Laß ihn den da behalten.« Es war die wohltönende Stimme des Patriarchen,
dessen dichte, wulstige Augenbrauen wie dicke schwarze
Raupen aussahen. Der alte Mann zeigte mit seinem Gehstock aus Teakholz auf einen Vogel.

»Ich habe den Jungen mit dem da zusammen gesehen –
der mit den weißen Flügeln und dem blaßblauen Körper ...
wie ein Schmetterling am Himmel. Ich habe gesehen, wie
er von hoch oben herabgestürzt kam und sich ganz weich
auf der Schulter des Jungen niedergelassen hat. Ja, ja, wenigstens diesen einen mußt du ihm lassen ...«

Reste

Wenn mein Vater schon nicht alle seine Tauben behalten durfte, konnte er doch wenigstens mit dem gelben Vogel spielen, der bei der alten Frau und dem alten Mann Lu lebte.

Baba konnte sich nicht mehr daran erinnern, wann das kinderlose Paar in die Lehmhütte an der Ecke des Südgartens gezogen war. Es kam ihm vor, als wären sie direkt aus dem Boden gewachsen; sie hatten alte Gesichter, wie sie nur ein Garten hervorbringen konnte. Wie der alte Brunnen neben ihrer Hütte, der für alle Familien in der Nachbarschaft Trinkwasser hergab, war das alte Paar ein fester Bestandteil dieser Landschaft. Der Patriarch erlaubte ihnen, auf seinem Grund und Boden zu bleiben, vorausgesetzt, daß sie auf den Garten aufpaßten, der mit einer Mauer umgeben war.

Am Anfang des Sommers bewachten sie die reifen Ähren des Korns vor den *hui-hui*, unbezähmbaren Männern, deren Vorfahren als Nomaden in Zentralasien gelebt hatten; die Diebe kletterten über die dicke Mauer aus Erde, die von den Wurzeln großer Weiden, die auf ihr wuchs, zusammengehalten wurde.

Hühner und besonders Enten, die jeden Morgen zu dem westlichen Sumpfland watschelten, mußten von den Kohlköpfen weggescheucht werden, denn sie fraßen nicht nur Insekten und Würmer; sie verschlangen auch die zarten Pflänzchen. Aber, natürlich – wenn die alte Frau Lu hin und wieder »zufällig« ihrer eigenen Hühnerschar erlaubte, aus der Eingrenzung des Zauns auszubrechen, pflegte Babas Familie »das eine Auge auf- und das andere zuzumachen«.

Aber die wichtigste Aufgabe des Paares war es, den alten Brunnen zu bewachen, damit die Kinder nicht hineinfielen; die Kleinen spielten nämlich am liebsten in der Nähe dieses offenen Schlundes; an heißen Tagen zogen sie die Eimer hoch, um sich das kühle Naß über ihre stoppeligen Köpfe zu gießen; und sie warfen Steine und Ziegel in die Tiefe, um das *gedong!* zu hören, wenn sie auf dem Wasser aufschlugen.

Baba warf auch gern Steine und Ziegel hinein, aber noch lieber verbrachte er seine Zeit bei den alten Leuten. Immer, wenn er auf die Idee kam, sie zu besuchen, schlenderte er ganz gemächlich in den Südgarten – wie eine Katze mit vollem Bauch, hielt er mal hier und mal da an, um die Düfte zu schnuppern, die der Wind herbeitrug. Die beiden Alten hatten ihm nie viel zu erzählen; eigentlich hatten sie sich gegenseitig auch kaum etwas zu erzählen: eine Geste oder ein kurzer Blick vom einen zum andern, und der wußte, was gemeint war. (Nach ihrem langen gemeinsamen Leben befanden sich nicht nur ihre Gedanken im Einklang, sondern auch ihre Mimik.)

Aber zum Reden war Baba auch gar nicht gekommen; es machte ihm einfach Spaß, den alten Leuten zuzusehen, wie sie ihrer Arbeit nachgingen, die in jeder Jahreszeit verschieden war. Im Sommer tat der Mann an den Nachmittagen nicht viel anderes, als an der Ostseite der Hütte zu sitzen, wo eine frische Brise durch das offene Fenster wehte. Der Bambuskäfig mit dem gelben Vogel hing direkt davor, unter den Dachtraufen, und der alte Mann entlockte seinem gefiederten Freund eine kleine Melodie.

Manchmal, wenn Baba dem gelben Vogel lauschte – der kein so verdrehtes finkenartiges Geschöpf war, sondern ein geduldiges, reifes, altes Ding, das resolut auf seinem Sitz hockte und munter drauflosträllerte –, schlief er auf dem Kang der alten Leute ein, und wenn er dann, noch warm vom Schlaf, aufwachte, blickte er sich um und dachte: Wenn ich groß bin, möchte ich auch in einer sauberen, trockenen Hütte wohnen und Zeit für mich allein haben und auf einen Garten aufpassen. Denn auch wenn das Haus der Yang wohlhabend war, fühlte er sich unbehaglich dort: Da so viele Generationen unter einem Dach lebten, gab es täglich Unstimmigkeiten wegen irgendwelcher Klatschgeschichten oder aus Eifersucht, und man stritt sich um alle möglichen großen und kleinen Dinge. Und für Baba, ein Kind, das in der Hackordnung der Familie ganz unten stand, waren die Älteren und die konfuzianischen Anstandsregeln schwer wie ein Berg zu ertragen und drückten auf seine kleine Seele.

Für das alte Paar war das Leben einfach; es brauchte nur wenig, um es sich gutgehen zu lassen. Es konnte jederzeit in den Garten gehen und Kohlköpfe stechen, und Auberginen, Zwiebeln und Kartoffeln. Im späten Frühling, wenn die Rohrkolben entlang des westlichen Sumpflandes in die Höhe schossen, ging der alte Mann sie ernten. Nachdem er sie abgeschnitten und ein paar Tage an der Sonne getrocknet hatte, flochten sie große hübsche Körbe daraus, die sie an die Gemüsehändler verkauften. Von diesem Geld konnten sie den ganzen Sommer bis in den Herbst Reis für sich kaufen. Eine andere Einnahmequelle für die beiden waren die besonderen Fähigkeiten der alten Frau Lu, »den Geist zu beschwören«: Sie besaß die Macht eines Zauberdoktors und kümmerte sich um die Kranken. Die Reichen und Gebildeten verachteten ihre Künste, sie sagten, das wäre alles Unsinn, aber es kamen viele arme Menschen zu ihr, um sich von ihr helfen zu lassen.

Eines Nachmittags, als Baba in der Hütte auf dem Kang saß, kam eine Mutter mit ihrem Jungen. Die alte Frau Lu saß auf einer Holzbank, mit dem Gesicht zum Altar, auf dem das Bild von Urgroßvater Fuchs stand, einem alten Mann mit schmalen Augen und einem langen Bart – ein grimmiges Porträt der Geistererscheinung in sterblicher Form. Der Mann zündete Weihrauch und Kerzen auf dem Altar an. Seine Frau schloß die Augen.

Dong-dong-dong-dong-chung-chung-chung! Der alte Mann schlug auf die Trommel aus Fischhaut und rasselte mit Metallringen, die an einem langen Stab befestigt waren. Die alte Frau Lu fing am ganzen Körper zu zittern an und schwankte hin und her. Urgroßvater Fuchs war in ihre Seele gedrungen.

»Der Kürbis blüht, sein Fruchthaar ist grau.
Das Herz des Unsterblichen kennt niemand genau.
Der Berg Changbai hat Höhlen, so tief.
Im Schatten von Zypressen lag der Geist und schlief.«

Sang der alte Mann Lu.

Als die alte Frau dann anfing, ihre Arme und Beine zu schwenken, drückte sie ihr Mann, der hinter ihr stand, an den Schultern fest nach unten und sang:

»Das Dach ist niedrig, der Pfeiler sind viele,
überall Dellen und Kratzer: Sei auf der Hut.
Achte auf deinen Kopf und achte auf deine Knie,
Zu viele Kerben gefallen uns nie.«

Ihre Arme und Beine beruhigten sich wieder ein wenig und zitterten jetzt nur noch.

»Wer weckt mich aus meinen Träumen?« Die Lippen der alten Frau bewegten sich, aber die Stimme gehörte nicht ihr. Es war die von Urgroßvater Fuchs.

»Ich bin die Frau von Hu, dem Fischhändler«, antwortete die Mutter. »Ich bin gekommen, um den Unsterblichen zu bitten, die Krankheit des Jungen zu verjagen.« Sie trat nach vorn und setzte ihr Kind auf die schaukelnden Knie der alten Frau.

Mit fest zusammengekniffenen Augen und auf und ab hüpfendem Körper befühlte die alte Frau die Höcker und Beulen am Schädel des Jungen, meditierte über ihre Topographie und steckte dann ihre rissigen braunen Finger unter seine wattierte Jacke, um seine kleinen Rippen zu zählen. Der Junge strampelte wie eine auf dem Rücken liegende Schildkröte und schrie aus vollem Hals.

Mit einer zitternden Baritonstimme erklärte Urgroßvater Fuchs:

»Dein Junge ist in eurem Hinterhof über den Weihrauchtopf gestolpert, den du zu Ehren des Geistes des Gelben Wiesels aufgestellt hast. Und dann hat er noch mit seinem häßlichen Stock den Eingang zur Höhle des Geistes durchbohrt. In zwei Tagen bringst du mir drei Paar rote Kerzen, zwei Bündel Weihrauch, ein Dutzend *mantou* – gebackene Brotrollen – vier Meter weißes Tuch, vier Meter schwarzes Tuch, ein *jin* Fisch und ein *jin* Schweinefleisch. Dann werde ich für dich bei dem grimmigen Gelben Wiesel ein Wort einlegen.«

Die Frau des Fischhändlers nickte in ehrfürchtigem Schweigen.

Die alte Frau stand auf, streckte die Hand zum Altar aus, holte ein braunes Glasfläschchen herunter, klopfte etwas Puder auf ein Stück Papier und faltete es zusammen.

Wie kann sie das alles tun, ohne die Augen aufzumachen? überlegte Baba.

»Inzwischen gibst du dem Kind beim ersten Hahnenschrei diese Medizin«, ertönte die Stimme von Urgroßvater Fuchs. Die alte Frau Lu reichte der Mutter das kleine Päckchen.

Als nächstes nahm die alte Frau drei große Löffel Weihrauchasche und wickelte den Puder in ein weiteres Stück weißes Papier.

»Löse es in kochendem Wasser auf und füttere ihn damit um die gleiche Stunde. Es wird die Hitze seines Fiebers zum Erlöschen bringen.«

Baba zuckte zusammen, er kannte den Geschmack nur zu gut, er hatte ihm die Eingeweide zusammengezogen. Nainai, ein Mädchen vom Land, hatte einmal, gegen den Willen von Yeye, die Medizinfrau aufgesucht, um Babas Krankheit zu heilen. Baba tat der Junge leid. »Wenn er das getrunken hat, wird es ihm noch schlechter gehen!« dachte er bei sich.

»Noch irgendwelche Fragen?« erkundigte sich Urgroßvater Fuchs.

»Nein«, antwortete die Mutter und verbeugte sich vor der alten Frau Lu, die wieder zur Bank zurückgegangen war. Als das *dong-dong-dong-dong-chung-chung-chung* der Fischhauttrommel mit anschwellender Wildheit ertönte, fing die alte Frau wieder an, sich wie verrückt herumzuwerfen. Ihr Gesicht war rot angelaufen. Als ihr Mann dann seine Trommel auf die Seite stellte und sie an den Schultern packte, wurden ihre Arme und Beine steif und ragten hölzern aus ihrem Körper. Er hielt sie eine lange Zeit fest und drückte sie nach unten. Es war absolut still im Raum, selbst der Junge hatte aufgehört zu wimmern. Dann vergingen die Krämpfe der alten Frau schließlich: Urgroßvater Fuchs hatte ihre Seele geräumt und war zum Berg Changbai zurückgekehrt, wo er sich in seiner Höhle seinen Träumen hingab.

Die alte Frau Lu machte die Augen auf. »Ei, wo war ich denn?« fragte sie, jetzt wieder mit ihrer eigenen Stimme. »Ich bin so müde und durstig. Ich will mich einen Augenblick hinlegen.« Und ihr Mann führte sie zum Kang, damit sie sich ausruhen konnte.

Als später im Herbst die Wildgänse nach Süden flogen, gab es im Garten kein Gemüse mehr. In dieser Jahreszeit verwelkten die tiefgrünen Rohrkolben und zogen sich ohne einen Laut ins Wasser zurück. Die alte Frau Lu und ihr Mann konnten jetzt keine Körbe mehr flechten. Gelegentlich kamen Leute zu ihrer Hütte, um ihre Zauberkünste in Anspruch zu nehmen, aber was sie mit der »Geisterbeschwörung« einnahm, reichte nicht aus, um sie durch den Winter zu bringen. In den kältesten Monaten lauschten die alte Frau Lu und ihr Mann angestrengt darauf, wo die Trompeten ihr hohes Wimmern anstimmten, das wie die wütenden Schreie einer Schar Gänse klang; wo die Musik herkam, dort gab es auch zu essen, dort würden sie ihre Bäuche füllen können.

Im La-yue, dem Monat des zwölften Mondes (kurz vor dem Frühlingsfest), fanden überall in den Städten und Dörfern große geräuschvolle Hochzeiten statt. Die Feierlichkeiten begannen im Morgengrauen und dauerten bis tief in die Nacht. Wenn die Familie wohlhabend war, hielt das Fest drei Tage lang an, in einem geräumigen Zelt und mit allen Familienangehörigen und Freunden, die sich schwankend beim Bankett versammelten. Aus der Küche kamen eilig die Kellner gelaufen, um Hunderten Gästen das Essen zu servieren. Die Musiker begannen sogar noch vor Sonnenaufgang mit der Verkündigung des Hochzeitstags. Baba sah die beiden Alten in die Richtung gehen, aus der die Musik ertönte, jeder mit einem eisernen Kübel in der einen und einem Gehstock in der anderen Hand, um sich auf dem Boden aufstützen zu können. Wenn sie in das große Zelt kamen, suchten sie gleich die Tür zur Küche.

»Dao xi! Wir sind gekommen, um der Braut und dem Bräutigam Glück zu wünschen«, sagten die beiden Alten zur Begrüßung zu den Köchen, und die tiefen Falten in ihren Gesichtern verzogen sich ein ganz klein wenig zu einem Lächeln.

Meistens wurden sie nicht abgewiesen; es wäre unvorstellbar gewesen, an einem so wichtigen Tag, einer Hochzeit, weggeschickt zu werden. Die Köche schöpften aus einem großen Keramikbottich die restliche Suppe und Gemüse und Fleisch in ihre Kübel. Es wäre nichts dagegen einzuwenden gewesen, wenn sich das Paar zu den Gästen an den Tisch gesetzt hätte, aber sie durften keine Zeit verlieren: Sie liefen eilig mit ihren Kübeln weiter, zur nächsten Hochzeit, folgten den fernen Klängen von Zimbeln, Glocken, Trommeln und Trompeten. An einem guten Tag brachten sie es auf mehrere Kübel mit Essen, das sie in einem großen Keramikbottich in ihrer Küche aufbewahrten. Das Essen gefror bei der Kälte und konnte so, ohne zu verderben, bis zum Frühling aufgehoben werden.

Auch wenn es sein Vater nicht billigte, daß er bei Bettlern aß, gab es für Baba nichts Schöneres, als mit den beiden alten Leuten in den mit Fleischbällchen gefüllten Bottich zu greifen, ein Bottich, der so groß war, daß er sich darin gut hätte verstecken können.

Das Essen, das es auf Hochzeiten gibt, ist gut, dachte Baba. Aber wenn es zu Resten geworden ist, ist es o! so köstlich! Die ganze Hütte war von dem Duft erfüllt, wenn das Gebräu erhitzt wurde, und bei den blubbernden Geräuschen, die es dabei machte, lief ihm schon das Wasser im Mund zusammen. Den ganzen Winter über lebten die beiden alten Leute recht gut von dem Hochzeitsessen.

Wenn es Frühling wurde, sah Baba wieder die vertraute Gestalt des alten Mannes Lu stumm die Rohrkolben am westlichen Sumpfland ernten.

Es wird sich nichts ändern ... Sie werden immer dasein, hätte mein Vater gern geglaubt. Genauso wie der alte Brunnen, der auch schon immer da war und Wasser gespendet hatte, rein und süß und kühl und labend.

Die Vergeltung

»Lerne fleißig, was in deinen Büchern steht. Sei ein guter Mensch und ein gehorsames Kind«, hörte mein Vater oft die Erwachsenen mahnen. »Du willst doch nicht wie Laifu enden, nicht wahr?« Und er sah die jüngeren Kinder den Kopf schütteln, denn genauso wie Baba kannten auch sie die Geschichte von dieser einen wohlhabenden Familie in ihrer Heimatstadt Xinmin, eine Geschichte, deren schlimmes Ende sich noch zu ihrer Zeit und vor ihren eigenen Augen abgespielt hatte.

Wie es hieß, war, lange bevor Baba geboren wurde, in Xinmin in der Oststraße eine Färberei eingerichtet worden. Hierhin brachten die Leute Ballen aus weißem Baumwollstoff, um sie gegen Bezahlung in allen Farben erblühen zu lassen. Die Färberei kaufte auch das unbehandelte Material, das später mit farbigen Blumendrucken am laufenden Meter in der Stadt und der ganzen Umgebung zu haben war; das Lieblingsmuster waren schneeweiße Steinröschen auf einem blauen Untergrund.

Der Besitzer der Färberei war ein Mann namens Guo, der immer still und in sich gekehrt war. Er trug immer die gleiche Arbeitskleidung, die aus grobem blauem Stoff gemacht war, und auch als sein Geschäft wuchs und gedieh, dachte er nicht daran, seinen Reichtum zur Schau zu stellen, sondern zog auch weiterhin seine alten Kleider an. Die Bewohner von Xinmin kannten ihn als einen großzügigen Mann, aber am meisten bewunderte man ihn wegen seines aufmerksamen Benehmens gegenüber seiner Frau, die so scheu wie ein Vogel war.

»Oh, er ist so gut zu ihr. So reich er ist, nimmt er sich keine Nebenfrau«, sagten die Leute. »Ja, so unfruchtbar sie ist – er bleibt ihr treu.«

»Mach dir keine Sorgen, alte Gefährtin«, sagte Guo zu seiner Frau. »Laß uns zum Niang-niang-Tempel gehen und der Göttin des Gebärens unseren Respekt zollen. Bestimmt sieht sie die Leere, von der unser Heim und unsere Herzen umgeben sind.«

Als seine Frau müde wurde und es nicht schaffte, mit ihren winzigen gebundenen Füßen die Treppe zum Tempel hinaufzusteigen, trug er sie auf dem Rücken.

An dem Altar von Niang-niang baten sie um einen Sohn, der das Geschäft weiterführen und in ihrem Alter für sie sorgen würde.

Als ihnen die Gebete in dem Tempel kein Kind brachten, begaben sie sich auf eine Pilgerreise zu der weit entfernten Dashiqiao – der Großen Steinbrücke –, um an dem Fest des größten Niang-niang-*miao* in der Provinz Liaoning teilzunehmen. Sie trafen am achtzehnten Tag des vierten Monats dort ein, zusammen mit vielen tausend anderen aus nah und fern, die alle gekommen waren, um um Söhne und Töchter zu bitten. Seit vielen hundert Jahren waren die Menschen zu diesem Tempel gepilgert, denn es war bekannt, daß Niang-niang an diesem Ort besonders hilfreich war.

Einer Legende nach überholte einmal ein Bauer aus Niuzhuang – Kuhstadt – auf seinem Weg nach Dashiqiao eine Frau auf der Straße.

»Ich kann nicht mehr weitergehen. Darf ich auf deinem Schubkarren mitfahren?« fragte ihn die Frau.

Als sie sich in der Dämmerung Dashiqiao näherten, wurde die Frau immer schwerer, bis der Bauer den Wagen nicht weiterschieben konnte. Am Fuß eines Berges blieben sie stehen.

»Vielen Dank, junger Mann. Hier wollte ich hin«, sagte die Frau und sprang von dem Karren.

Der Mann sah ihr nach, wie sie eilig den steilen Berg hinaufging und schon bald im blauen Abendnebel verschwand. Als er den Leuten von Dashiqiao von diesem merkwürdigen Vorfall erzählte, sagten sie: »Ah, das war eine Ehre für dich. Dort oben auf dem Berg steht ein kleiner Niang-niang-Tempel. Es war Niang-niang selbst, die du zu uns gebracht hast!«

Die Einwohner von Dashiqiao bauten am Fuß des Berges einen noch größeren, noch prächtigeren Tempel, um der Gottheit bei ihrer Ankunft am achtzehnten Tag des vierten Monats Ehre zu erweisen.

In Dashiqiao kauften Guo und seine Frau von den Wächtern am Tempel Tonfiguren, die »Erdkinder« genannt wurden; um die Bäuche der männlichen Puppen wickelten sie rote Schnüre und hofften, daß sie dadurch vielleicht schon bald ein richtiges Kind aus Fleisch und Blut einfangen würden.

In jenem Herbst, in einem Jahr, kurz bevor die Herrschaft des Guangxu-Kaisers zu Ende ging, suchte eine Flüchtlingsfamilie aus der Provinz Shandon im Haus des alten Guo und seiner Frau Schutz: Alle zwei oder drei Jahre trieben die Dürre und die Überschwemmungen oder auch die Heuschrecken, die die südlichen Provinzen heimsuchten, die hungernden Menschen in die Mandschurei. Die Familie war mit zu vielen Kindern gesegnet. Der Vater bot Guo und seiner Frau an, ihnen sein jüngstes Kind, einen einjährigen Jungen, zu verkaufen.

In der Nacht, in der die Familie weiterzog, kroch das Kind bis an die Tür und weinte und weinte und hatte

Angst, die Augen zuzumachen. Aber bald wurde es müde und schlief auf dem Kissen ein, das man ihm auf den Boden gelegt hatte.

»Endlich wurden unsere Gebete erhört. Wir werden ihn Laifu nennen – Beginn des Glücks«, sagten die neuen Eltern, als sie sein schlummerndes tränenüberströmtes Gesicht ansahen. »Er hat eine hohe Stirn, was nur bedeuten kann, daß er große Intelligenz besitzt.«

Während der Monat verging, verblaßte im Herzen des Jungen allmählich die Erinnerung an seine leiblichen Eltern, und er kannte nur noch Guo und seine Frau.

Als Laifu fünf Jahre alt war, bekam er einen Lehrer, damit er die Vier Bücher und die Fünf Klassiker kennenlernte – die Gedanken von Konfuzius, die dem Menschen Pietät und Moral beibrachten. Er lernte auch das Rechnen.

Laifu war ein frühreifes Kind; schon im Alter von fünfzehn konnte er so gut mit dem Abakus umgehen, daß er seinem Vater im Geschäft half, die Bücher zu führen. Mit zwanzig reiste er in benachbarte Städte und Ortschaften – Shenyang, Yingkou, Zhangwu, Faku – und verteilte Stoffballen mit Blumendrucken an die Geschäfte und sammelte Geld ein, das sie der Färberei schuldeten.

Die Leute redeten ihn voller Respekt mit Shaodongjia an – junger Herr –, denn er war zu einem gutaussehenden, selbstsicheren jungen Mann herangewachsen. Seine schwermütigen Augen waren groß und unermeßlich dunkel, worüber selbst seine alten Eltern ein wenig erschrocken waren. Laifu ging mit dem Geld recht freizügig um und bewegte sich mit dem stolzen Gebaren eines »jungen Herrn«.

»Mit dem jungen Guo läßt sich gut Geschäfte machen«, bemerkten die Leute. »Er nennt die Dinge beim Namen – auf sein Wort ist Verlaß. Versucht nie, uns hereinzulegen.« Die Besitzer von Läden und Lokalen schmeichelten ihm, luden ihn ins Theater und in Restaurants ein. Und getrennt von seiner Familie, gewöhnte sich Laifu das Trinken an, mit Frauen auszugehen, sich dem Glücksspiel hinzugeben, aber was das Schlimmste war, er gewöhnte sich an, Opium zu rauchen, eine Droge, die seinen Geist verwirrte und ihn die ganze Nacht lang an den Spieltisch fesselte.

Der alte Guo machte sich wegen der Veränderungen, die er an seinem Sohn sah, Sorgen. »Wir müssen für ihn eine gute Frau finden, die auf ihn achtgibt«, sagte er zu seiner Frau. »Die Ehe wird ihn von den vielen bösen Gewohnheiten heilen, die er auf der Straße gelernt hat.«

Sie fanden für ihn in Xinmin ein Mädchen aus einer achtbaren Familie, aber so sehr auch seine Frau auf ihn aufpaßte – es half alles nichts. Er verspielte nicht nur sein Geld bei Glücksspielen und rauchte weiter Opium, sondern er verstrickte sich auch immer mehr in die Aktivitäten geheimer Gesellschaften in der Stadt, die von Rowdys angeführt wurden. Die meiste Zeit verbrachte er am Spieltisch, wo er, eingehüllt in eine Wolke aus Opiumrauch, *paijiu* – Domino – spielte. Die Spieler liebten seine Gesellschaft, denn er war nicht nur großzügig und half seinen Freunden freigebig mit Geld aus, sondern bezahlte auch, wenn er verlor, ohne große Umstände zu machen, seine Schulden. Es gibt ein altes Sprichwort: »Sobald ein Mann eine Spielhölle betritt, beginnen die Grundmauern seines Heims zu schwanken und einzustürzen. Die paar Sekunden, die er am Tisch benötigt, um zu verlieren, genügen, um das Haus über seinem Kopf zum Einsturz zu bringen.«

Mit der Zeit machte sich Laifu gar nicht mehr die Mühe, seine Vergehen vor seinen alten Eltern zu verbergen; er bediente sich mit immer größeren Geldsummen aus der Färberei, um seinen Gewohnheiten nachzugehen.

Der alte Guo, der über sechzig Winter auf dem Buckel hatte, konnte den Verrat seines Sohnes nicht ertragen. Er wurde krank und mußte das Bett hüten, wo er unverständliche Wörter murmelte und seine hochgewachsene, hagere Gestalt unter der Bettdecke von Fieber geschüttelt wurde.

»Der alte Mann hat sich zu Tode gegrämt«, sagten die Leute in Xinmin, als der alte Guo dahinsiechte.

Für das Familiengrab wurde ein großes Stück Land erworben. Es wurden Weidenschößlinge darauf gepflanzt.

Nun, nach dem Tod seines Vaters, war Laifu nicht länger der junge Herr, sondern Da Laoban – der große Boß. Er konnte soviel Geld ausgeben, wie er wollte; es war niemand mehr da, der ihn deswegen getadelt hätte.

Die alte Frau Guo, die auf ihren gebundenen Füßen herumhumpelte, wußte wenig von den Finanzen der Färberei; wie alle Frauen ihrer Zeit hatte sie sich nicht in die Geschäfte ihres Mannes eingemischt. Sie bemerkte das Unglück erst an dem Tag, an dem die Färberei geschlossen und der Besitz verkauft wurde, damit Laifu seine Schulden bezahlen konnte. Bald darauf starb sie und nahm ihre Schüchternheit mit ins Grab.

Nachdem Laifu auch das Dach über ihrem Kopf verspielt hatte, kehrte seine Frau in ihr Elternhaus zurück; er selbst zog in ein kleines Zimmer in einer Pension. Er spielte auch jetzt noch immer weiter und verkaufte für die Einsätze seine letzte Habe. Opium konnte er sich nun nicht mehr leisten, aber Morphium, das viel schneller wirkte: Es wurde direkt in die Blutbahn gespritzt.

Innerhalb von zwei Jahren nach dem Tod seiner Mutter hatte er so gut wie alles verkauft. Die Spieler waren nun nicht mehr so froh, ihn zu sehen; die Leute begegneten ihm voller Mißtrauen, weil sie fürchteten, daß ein mittelloser Süchtiger bald zum Dieb werden würde.

Aber so weit kam es mit Laifu nicht. Trotz seiner abgetragenen Kleider ging er weiter mit aufrechtem Rücken und hocherhobenem Kopf. Er hörte auf, seine Freunde zu besuchen, weil er Angst hatte, sie unnötig zu erschrecken.

Tag und Nacht, wenn er an den Türen von Freunden

und Nachbarn vorbeiging oder wenn ihm jemand – irgend jemand – auf der Straße entgegenkam, legte er den Handrücken auf sein aschfahles Gesicht und hustete ein- oder zweimal, um alle wissen zu lassen, daß er, Laifu, unter ihnen war. Er wollte der Welt deutlich machen, daß er nicht auf leisen Sohlen herumschlich, um sich zu nehmen, was ihm nicht gehörte.

Und das ist der Zeitpunkt, an dem Laifus Geschichte in die erweiterte Wahrnehmung meines Vaters einging. Als Baba dreizehn war, sah er Laifu oft in seiner ganzen aufrechten Schäbigkeit am Tor des Hauses der Yang vorbeigehen und hörte ihn stolz husten.

Und so war es nicht verwunderlich, daß Baba im Verlauf der Zeit, während der Laifu verarmt, aber unabhängig seiner Wege ging, die Leute sagen hörte, daß er ein rechtschaffener Mann sei. »Ja, wirklich zu schade, daß er ein Spieler ist und Opium raucht. Aber man muß zugeben, daß es ihm nicht an Willenskraft fehlt: Er stiehlt nicht, bettelt nicht, klammert sich nicht an alte Verwandte. Er schuldet niemandem etwas.«

Als alles verkauft war – bis zum letzten Paar der kleinen bestickten Schuhe seiner Mutter –, ging Laifu eines Nachts im Sommer zum Friedhof. Es war eine Nacht, in der sich Freunde treffen, um im Garten Schach zu spielen; eine Nacht, in der Freunde miteinander plaudern, sich unter den Sternen zufächeln; eine Nacht voller Hoffnungen. Nachdem er sich tief vor den Gräbern seiner Eltern – zwei aneinander angrenzende kegelförmige Erdhügel – verbeugt hatte, stellte er seine ausgetretenen alten Schuhe so hin, daß die Spitzen auf die Grabsteine gerichtet waren, als wollte er sagen: »Es tut mir leid. Ich komme jetzt, um euch Ehre zu erweisen, wie es ein angestammter Sohn tun sollte.« Dann tappte er auf seinen nackten Füßen über den Boden, der vom Tau feucht war, bis zu einer Trauerweide mit einem Vorhang aus herunterhängenden Zweigen;

Glühwürmchen beleuchteten seinen Weg. Die Bäume waren seit dem Tod seines Vaters gewachsen. Am Morgen fanden ihn die Dorfbewohner, in einer Schlinge baumelnd, sein Körper wie ein Blatt im Wind.

»Der alte Guo und seine Frau müssen Laifu im vorigen Leben betrogen haben. Der Bursche war hinter ihnen her und hat sie, als ihr eigenes geliebtes Kind verkleidet, dafür bezahlen lassen«, hörte Baba in den darauffolgenden Tagen die Leute in der Stadt sagen, als sie versuchten, die Ereignisse zu verstehen. »Ja, als Laifu das letzte Kupferstück des alten Guo ausgegeben hatte, war er gerächt. Er wußte, daß es für ihn Zeit war, wieder zu gehen. Vergeßt nie: ›Yin guo bao ying‹ – ›wir ernten, was wir säen‹ – wenn nicht in diesem Leben, dann bestimmt im nächsten.«

Was für die Erwachsenen soviel bedeutete wie: »Sei ein gutes, braves Kind – du willst doch nicht wie Guo Laifu enden?!« Baba brachte es nicht fertig, im Chor der jüngeren Kinder »nein« zu zwitschern. Die erweiterte Sicht, die mein Vater von den Menschen um sich herum gewonnen hatte, erlaubte es ihm nicht mehr, einfache Urteile über ihre Wege zu fällen.

Nein, er wollte kein trauriges Ende nehmen wie Laifu – wie die Eltern einem bösen Kind androhten –, aber er wußte mit absoluter Sicherheit, daß er, auch wenn er sich nicht mehr an Laifus Gesicht würde erinnern können, noch immer mit Anerkennung an seinen Husten denken würde, der nicht aus seiner Kehle kam, sondern von tief drinnen aus seiner Seele.

Geheime Familienrezepte

In dem Jahr, in dem Guo Laifu, der als verwöhntes Kind mit gestickten »Tigerschuhen« aufwuchs, seinem Leben selbst ein Ende bereitete, lernte mein Vater jemanden kennen, der in seiner Kindheit nur Schweinemist zwischen den nackten Zehen gehabt hatte und der sich noch immer darum bemühte, die Armut hinter sich zu lassen.

In jenem Sommer, in dem ganz hinten in Babas rechtem Ohr eine Beule mit lautem Klopfen immer größer wurde, sagte meine Großmutter Nainai zu ihm: »Du kannst zu Daye – Großer Onkel – gehen, der vor kurzem in der Stadt eine Praxis eröffnet hat.«

»Aber, Mutter, alle sagen, der neue Doktor wäre ein Quacksalber«, protestierte Baba.

»Hör nicht auf das Geschwätz«, antwortete Nainai. »Meine Augen täuschen mich nicht: Dieser Mann hat die sichere Hand eines Heilers.«

Und so stattete Baba Dayes dunkler kleiner Praxis, in der es nach Kräutern, Pilzen und Staub roch, einen Besuch ab. Der Doktor holte sieben lange silberne Akupunkturnadeln hervor und stieß die kalten Spitzen in Babas Hals. Er mahlte auch getrocknete Heilpflanzen zu Pulver und gab seinem jungen Patienten, der voller Zweifel war, dieses bittere Gebräu zu trinken.

Aber am nächsten Morgen hatten sich die siedenden Schmerzen verflüchtigt. Und nach zwei Wochen war die Beule völlig verschwunden. Es war nicht mehr nötig, daß Baba unter das Messer kam.

Nach der erstaunlich schnellen Heilung war Baba neugierig darauf, die Geschichte von Dayes Leben zu hören, die ihm später sein Großvater, der Patriarch, in allen Einzelheiten erzählte.

Dies war nun wieder eine Persönlichkeit, ein Geheimnis in seiner Einzigartigkeit, ein neues Leben in dem sich entfaltenden Leben meines Vaters.

Daye war ein armer Verwandter. Als er noch klein war, verspielte sein Vater in ihrem Heimatdorf Shantuozi das Haus, das Land und die Tiere der Familie, und kurz darauf starb er. Er ließ Daye zurück, der sich nun allein durchschlagen mußte. Er füllte seine Reisschüssel, indem er sich als Schweinehirt verdingte. Als es für ihn Zeit wurde zu heiraten, konnte er keine Frau finden, die bereit war, einen heimatlosen jungen Mann zu heiraten, der nach Schweinefutter roch. Bei seiner Suche nach einer Frau bat er seinen Onkel, den Patriarchen des Hauses Yang in Xinmin, um Hilfe.

Der Patriarch legte seinen guten Ruf und seinen Reichtum für seinen Neffen in die Waagschale. Schließlich fand sich ein kleiner Spatz, ein Bauernmädchen, das sich mit dem jungen Mann zufriedengeben und ihn heiraten würde.

Die Neuvermählten zogen vom Land in die Stadt Xinmin und mieteten ein Zimmer in der Hinterstraße, direkt hinter dem Haus der Yang.

Die Frau konnte schöne Fladen aus Weizenmehl auf dem Blech backen. Daye packte die Fladen in einen großen Weidenkorb, den er auf dem Rücken trug, und ging damit hausieren. Bald kannte man ihn auf den Straßen: lange Gliedmaßen, weit ausholende Schritte und ein langgezogenes Gesicht. »*Dabingzi!* Kommt und holt euch frische *dabingzi!*« rief er immer. Das Paar lebte genügsam, sie selbst aßen nur Fladen, die aus dem billigeren Roggenmehl gemacht waren.

Daye und seine Frau führten dieses kärgliche Leben viele Jahre lang.

»Neffe, ihr könnt dieses mühsame Dasein nicht ewig weiterführen«, sagte der Patriarch eines Tages zu ihm. »Ich werde dich zu deinem Vetter schicken, meinem dritten Sohn, der in der Stadt Zhengjiatun wohnt, an der Grenze zur Inneren Mongolei. Er ist jetzt der Zweigstellenleiter der Zentralbank von Manchukuo. Ich bin sicher, er kann dir irgendeine einträglichere Arbeit besorgen.«

In Zhengjiatun mietete der Vetter ein Dutzend Erdhütten und setzte den Mann und die Frau als Hausmeister ein. Die Frau kochte und machte für die Reisenden sauber. Daye brachte die Dächer in Ordnung, verputzte die Wände und kümmerte sich um die Pferde der Reisenden.

Ihr neues Unternehmen brachte ihnen auch nicht viel Geld ein, aber es ging ihnen doch ein wenig besser als in den Tagen, in denen sie Fladen gebacken und verkauft hatten.

Nicht lange nachdem sie sich an ihr neues Leben gewöhnt hatten, kam ein alter Reisedoktor, um in dem Gasthaus zu übernachten.

Am Tage wanderte der Mann durch die Straßen von Zhengjiatun, ließ die Rassel, das ringförmige Markenzeichen des Heilers, ertönen und verkündete so all jenen, die eine Behandlung benötigten, seine Ankunft.

Der Doktor war ganz allein auf der Welt. Daye und seine Frau waren, wie die meisten Leute vom Land, großzügige Seelen; sie kümmerten sich um den einsamen alten Mann, sogar als er krank wurde und nicht mehr für Tisch und Bett bezahlen konnte.

»Ihr seid wie Sohn und Tochter zu mir«, sagte der alte Mann zu Daye und seiner Frau. »Ich möchte euch eure Freundlichkeit vergelten. Wenn ihr wollt, werde ich meine Familiengeheimnisse in der Kunst des Heilens an euch weitergeben. Ich besitze unübertroffene Rezepte zur Wiederherstellung von gebrochenen Knochen und Gliedern, denn wie ihr wißt, ist das meine Spezialität. Wenn ihr diese Rezepte habt, braucht ihr niemals mehr betteln zu gehen. Hütet diese Geheimnisse sehr sorgsam, denn sie werden eure Reisschüsseln stets von neuem füllen.«

Es war ein Gottesgeschenk. Daye fühlte sich sehr geehrt: Familienrezepte wurden über Generationen hinweg von den Vätern an die Söhne weitergereicht. (Dem Brauch nach wurden sie nicht an Töchter weitergegeben, denn die Frauen gehörten am Ende zu den Familien ihrer Ehemänner.)

Der Doktor machte sich daran, seinem fleißigen Schüler alles genau beizubringen, auch, wie er die Werkzeuge dieses Handwerks benutzen mußte. Daye hatte eine Begabung für die heilende Kunst, und weil er in den Fünf Klassikern und den Vier Büchern geschult worden war, dem Kern der konfuzianischen Bildung, konnte er sich die Verordnungen leicht merken. In kürzester Zeit hatte er die wichtigsten Rezepte fest in sein Gedächtnis eingemeißelt.

Nicht lange nachdem Daye seine eigene Praxis eröffnet hatte, starb der alte Doktor. Das junge Paar begrub ihn in einem ansehnlichen Sarg und errichtete ihm zu Ehren einen Grabstein, genauso wie sie es für ihre eigenen Väter getan hätten.

In den Straßen von Zhengjiatun ertönte nun, *galang, galang*, die Rassel, die Daye von dem alten Doktor geerbt hatte.

Aber die Geschäfte gingen nicht gut. Was sich die Leute zuerst nur zugeflüstert hatten, sagten sie jetzt offen heraus: »Dieser Einfaltspinsel wagt es, sich Doktor zu nennen. Der Kerl ist doch nur ein Gastwirt. Außer den Löchern im Dach kann der gar nichts zusammenflicken.«

Wie es im Sprichwort heißt: »Die guten Nachrichten kommen nicht über die Türschwelle, aber die schlechten bewegen sich mit Windeseile.« Bald zeigten die Leute auf der Straße mit dem Finger auf Daye und nannten ihn einen Pferdedoktor, einen Quacksalber, einen Betrüger.

»Alte Gefährtin«, sagte Daye zu seiner Frau, während sich sein langes Gesicht vor Traurigkeit noch mehr in die Länge zog. »Dieser Ort war für uns nie ein richtiges Zuhause. Laß uns nach Xinmin zurückkehren und dort neu beginnen. Dort haben wir den Vorteil, näher bei meinem Onkel zu sein.«

Und so machten der Mann und die Frau eines Sommers das Wirtshaus zu, packten ihre paar Sachen zusammen und kehrten in die Hinterstraße zurück, wo sie einen Laden eröffneten, über dessen Tür sie ein Schild hängten. Auf dem stand: »Doktor Yang. Heilt alle Krankheiten. Spezialist für Verletzungen der Knochen und Gliedmaßen. Geheime Familienrezepte.«

Nun, direkt falsch war das nicht: Daye besaß ja tatsächlich geheime Familienrezepte, das stimmte; es waren nur nicht die Rezepte seiner eigenen Familie.

Das war in dem Sommer, in dem Baba die glückliche Bekanntschaft mit Daye und seinen sieben langen Akupunkturnadeln machte und so schnell geheilt wurde.

Obwohl das Haus der Yang, seine eigene Verwandtschaft, ihn über alles lobte, waren die anderen Leute in Xinmin von dem neuen Heiler nicht besonders beeindruckt. »Ich kenne diesen Doktor Yang«, hörte Baba die Nachbarn sagen. »Ja, ich erinnere mich an diese lange Nase in dem Gesicht, das wie ein Schuhlöffel geformt ist. Ich kann mich nicht daran erinnern, daß es im Yang-Clan jemals irgendwelche Medizinmänner gegeben hätte. Was denn für geheime Familienrezepte? Wahrscheinlich sind das einfach nur Rezepte für die Fladen, mit denen er immer hausieren gegangen ist. Ich rieche noch heute das Fett und die Zwiebeln an ihm.«

Und genau wie in Zhengjiatun nannten ihn die Leute einen Quacksalber und Scharlatan. Die Geschäfte gingen schlecht.

»Ich schätze, es war nicht besonders klug von uns, nach Xinmin zurückzukehren – jedenfalls nicht, um hier meine Praxis aufzumachen. Alte Gefährtin, wir müssen weiterziehen. Wie es scheint, sind wir gezwungen, uns wieder unter Fremde zu mischen.« Und wie schon zuvor packte die Frau ohne die geringste Klage ihre Habseligkeiten zusammen und folgte ihrem Mann an einen neuen Ort. Sie ließen sich in einer entlegenen Stadt nordwestlich von Xinmin nieder, wo es nur wenig Ärzte gab. Und hängten wieder ihr Schild auf.

Diesmal hatte Daye den richtigen Schritt getan. Niemand kannte seine Vergangenheit. Die Geschäfte gingen ziemlich gut. Er verdiente genug für ihren Lebensunterhalt und hatte als Doktor einen guten Ruf; niemand beschimpfte ihn.

In dem Jahr nach seinem Umzug erzählte man sich von einem sehr reichen Mann aus der großen Stadt Shenyang, nordöstlich von Xinmin, der weit und breit nach einem Arzt suchte, der ihm eine hartnäckige Wunde am Bein heilen sollte. Als er einmal mit einer Gesellschaft aufs Land gereist war, wurden sie aus dem Hinterhalt von »Rotbärten«, Banditen, überfallen, und den Magnaten traf ein Schuß ins Bein. Die Kugel wurde entfernt, aber die Wunde wollte sich nicht schließen, und der gebrochene Knochen wollte nicht heilen. Im Verlauf der Wochen verschlimmerte sich sein Zustand immer mehr. Hervorragende Ärzte der westlichen Medizin wurden zu Rate gezogen, aber jeder sagte dem Mann, daß man sein Bein amputieren müßte.

Unnötig zu erwähnen, daß er nicht gerade glücklich war über ihre Diagnose. Er sah sich in den Nachbarstädten – Liazhong, Xinmin, Liaoyang, Zhangwu und sogar in der fernen Stadt, in der Daye wohnte – nach einem Heiler um, der die Macht besaß, sein Bein zu retten. Er lud Ärzte der traditionellen wie auch der westlichen Medizin zu einem Treffen nach Shenyang ein. Auch Daye wurde aufgefordert, seine Kunst zu zeigen, und dankbar in die Stadt geholt. Aber alle, die zu der Konferenz kamen, waren sich darin einig, daß das Bein des Mannes nicht zu retten war. Wenn man das Bein amputierte, konnte man ihm garantieren, daß er am Leben blieb; wenn er das Bein aber behalten wollte und die Wunde weiter eiterte, würde er mit ziemlicher Sicherheit sein Leben verlieren. Aber keiner der Ärzte wollte die Amputation durchführen und später für schlechte Dienste bestraft werden.

»Ich kann euer Bein retten, ehrenwerter Herr«, sagte Daye zu dem großen, mächtigen und reichen Mann und stand damit allein unter den Weisen. »Ich bin bereit, mein unbedeutendes Leben auf den Erfolg meiner Kur zu setzen.« Zuerst breitete sich leises Gemurmel in der großen Halle aus, das dann in eine Welle stummer Verachtung umschlug. Viele schüttelten den Kopf. Einem Bauerntölpel vom Land fällt nichts Besseres ein, als sein Leben wegzuwerfen, sagten sie alle.

Der Magnat starrte diesen großen Bauern, der ihm ohne mit der Wimper zu zucken in die Augen sah, lange und fest an und nickte dann stumm seine Zustimmung.

Und tatsächlich begann die Wunde unter Dayes Pflege schon nach einer Woche zu gesunden. Ein halbes Jahr später war der Bruch im Knochen verheilt – der Magnat konnte sich ohne zu hinken fortbewegen. Der Himmel hatte es gut gemeint mit dem Doktor.

»Er ist ein Gott! Ich werde ihn am medizinischen Institut unserer Stadt zum Leiter der Abteilung für Heilkräuter machen«, rief der reiche Mann. Und er hielt sein Wort und erhob Daye auf diesen herausragenden Posten.

Die Zeitungen schrieben lobende Berichte über Dayes medizinische Fähigkeiten und heilende Kräfte. In den folgenden Jahren wurde Dayes Ruhm immer größer und sein Glück auch, aber der größte Wunsch, der ihm am Herzen lag, war ihm noch nicht erfüllt worden: Er hatte gehofft, seine Heilkünste an seinen Sohn weiterzugeben. Aber der junge Mann – der seinem Vater sehr ähnlich sah: lange Gliedmaßen, weitausholender Schritt und ein langgezogenes Gesicht – hatte andere Pläne und weigerte sich, in die Fußstapfen seines Vaters zu treten.

Daye, der ziemlich fortschrittlich dachte (und der ja auch keine andere Wahl hatte), übertrug seine Hoffnungen auf sein zweites Kind – eine Tochter. Nun, diese Tochter – eine kleine, gedrungene, dunkelhäutige Frau mit hervorquellenden Augen und gelben rattenartigen Zähnen, die sich zwischen ihre anderen normalen schoben und wie zerbrochene Dachziegel in alle Richtungen ragten – war so häßlich, daß es schon mitleiderregend war, und jeden, der sie sah, in stumme Rührung versetzte.

Dayes Tochter, der klar war, daß sie wenig Aussicht hatte, einen Mann zu kriegen, würde gezwungen sein, sich ihren Lebensunterhalt selbst zu verdienen. Dieser Gedanke hielt sie dazu an, bei ihrem Vater in die Lehre zu gehen.

Jahre später hörte Baba Gerüchte, wonach die Tochter, als sie ihr Studium beendet hatte, in die einsame Stadt im Nordwesten von Xinmin zurückgekehrt war, in der ihr Vater eine so blühende Praxis gehabt hatte und wo es noch immer wenig Ärzte gab.

Und mein Vater hörte auch, daß sie jetzt ein eigenes Schild aufgehängt hatte: »Doktor Yang. Heilt alle Krankheiten. Spezialist für Verletzungen der Knochen und Gliedmaßen. Geheime Familienrezepte.«

Diesmal stimmte es wirklich.

Wetterberichte

Wie eine weiße Maus hastete ein Wolkentupfer über den fleckenlosen Himmel.

»Was glaubst du? Eine Regenwolke? Glaubst du, es wird regnen?« hörte Baba die Leute fragen. Sie rieben sich das Kinn und kratzten sich am Kopf. Sie sahen forschend in die Gesichter ihrer Nachbarn, um ihre Hoffnung bestätigt zu finden.

In Babas dreizehntem Sommer wuchs die Hirse nur bis in Schulterhöhe und verwelkte dann.

Hirse war das wichtigste Nahrungsmittel des Nordens. Jetzt gab es nichts anderes mehr zu essen als eine schwere, derbe Mahlzeit – ein Gemisch aus Korn und Sojabohnen.

Aus Vorsicht durften die Kinder von diesem Gebräu nie mehr als ein und eine halbe Schüssel essen, denn es quoll im Magen auf, wenn man etwas trank; und da die Menschen viel Wasser tranken, wenn sie den salzigen, gegorenen Bohnenbrei gegessen hatten, der im Norden zu jeder Mahlzeit gehörte, war Gefräßigkeit besonders gefährlich. Man erzählte sich, daß es schon einige Magendurchbrüche gegeben hätte und die Betroffenen unter großen Qualen gestorben wären. Im darauffolgenden Frühjahr sah der Himmel wieder nicht besonders freigebig aus: Es war das zweite Jahr mit einer Dürre. »Für letztes Jahr hatte der Almanach neun wasserspeiende Drachen vorausgesagt. Das hätte das ganze Jahr gereicht, aber wir haben kaum einen Tropfen gesehen«, sagte meine Großmutter Nainai und schnaubte verächtlich durch die Nase.

Sie konsultierte den kaiserlichen Almanach. Die jährliche Ausgabe gab eine Vorausschau über die Regenmenge, die auf das Land fallen würde, und hatte auch noch andere lebensnotwendige Informationen zu bieten, wie etwa günstige Tage für Geburten und Hochzeiten, angemessene Tage für Beerdigungen, sichere Tage für Reisen, glückliche Tage für das Hochheben von Dachbalken und den Transport von Möbeln. Der Almanach war alles, was man brauchte, um mit den Unsicherheiten des Lebens fertig zu werden.

»Für dieses Jahr hat er zwölf Drachen am Himmel vorausgesagt. Ja, ja, schrecklich ist das ... zwölf faule Drachen!« sagte Nainai.

»Aber, Mutter, bedeuten denn mehr Drachen nicht auch mehr Regen?« fragte Baba.

»Nein, natürlich nicht. Erinnerst du dich noch an das Sprichwort von den Mönchen?«

Baba schüttelte den Kopf.

»›Ein durstiger Mönch nimmt eine Schulterstange, um zwei Eimer Wasser zu tragen; zwei durstige Mönche tragen auf einer Stange zusammen nur einen Eimer Wasser; und drei durstige Mönche bleiben drei durstige Mönche.‹

Mit den Drachen ist es genau dasselbe: Je mehr Drachen es sind, um so weniger Regen macht jeder von ihnen.«

Der April hatte keinen Regen gebracht. Der Mai hatte keinen Regen gebracht. Die Männer und Frauen von Xinmin sahen voller Zweifel und Angst mit zusammengekniffenen Augen hinauf in den azurblauen Himmel. Die Sonne schickte ihre Strahlen voller Eifer auf die Erde und schüttete Staub in die Luft.

»Wenn es in diesem Jahr keinen Regen gibt, werden wir

nicht einmal die Frühernte der Sojabohnen und des Getreides einbringen. Niemand will das Zeug noch – wenn ich es nur rieche, wird mir übel –, trotzdem ist es immerhin besser als der leere, trockene Geruch von Hunger«, sagten die Leute. Ihre Mägen bereiteten sich auf die nagende Leere vor; der Hunger war eine ererbte Erinnerung.

»Wir müssen zu dem Drachenkönig beten, damit er Regen schickt«, schlugen die Älteren vor. »Wir haben ihn zu lange vernachlässigt.« Sie kramten in ihren Erinnerungen nach alten Gebeten.

Der Drachenkönig, der strenge, aber einsichtige Herrscher der Meere und Flüsse, der große Schöpfer des Gelben Flusses – die Wiege der chinesischen Zivilisation. Der Drachenkönig, die Quelle des Lebens.

An einem Morgen im Juni forderte der Bürgermeister von Xinmin die Ladenbesitzer und Anwohner entlang den Hauptstraßen auf, Tische zu Ehren des Gottes vor ihren Häusern aufzustellen und darauf Räucherstäbchen anzuzünden. Fließende Schriftzeichen auf zinnoberrotem Papier, die über den Tischen an den Wänden angebracht waren und auf denen geschrieben stand: »Der Drachenkönig, der Regenmacher, der Herrscher von fünf Seen, vier Meeren, neun Flüssen und acht Strömen wird von uns auf den Thron gehoben.«

An diesem Tag war jede Familie aufgefordert, einen ihrer männlichen Angehörigen zum Platz des größten Brunnens in der Stadt zu schicken, sich dort mit den anderen zahlreich Erschienenen zu vereinigen, um den himmlischen Regenmacher zu ehren. Baba bot sich an, das Haus der Yang zu vertreten; er bekam auch gleich die Erlaubnis, denn niemand sonst riß sich auch nur im entferntesten darum, diese Aufgabe zu übernehmen.

Baba traf, nur mit kurzer Hose bekleidet, an dem Treffpunkt ein; auf seinem Kopf thronte eine Krone aus geflochtenen Weidenzweigen; die zarten grünen Sprößlinge hingen ihm bis hinunter auf die Schultern und boten nur wenig Schutz vor der Sonne. Alle Männer und Jungen, die bei dem Drachenkönig um eine Audienz ersuchten, waren ähnlich ausgerüstet.

Auf einem Tisch, der vor dem Brunnen aufgestellt war, standen Kerzen und Weihrauch, sie wurden angezündet, als der Bürgermeister ein Gebet an den Drachenkönig sprach, das mit zinnoberroter Tinte auf einem gelben Blatt Papier geschrieben stand:

»Wir sind zu dir gekommen, o Drachenkönig, um eine Bitte an deine großzügige Seele zu richten: O Spender des Lebens, beehre unser Land mit Regen, denn ohne Wasser für unsere Felder werden unsere Winterspeicher leer bleiben.

Wenn du uns diesen Sommer Regen garantierst, o Herr, werden wir, die Bürger von Xinmin, einen prächtigen neuen Tempel für dich bauen.«

Baba dachte: Genauso redet Mama immer mit meiner kleinen Schwester, wenn sie Unfug treibt: »Wenn du ein braves Mädchen bist, wird deine Mutter dir zu Neujahr eine hübsche kleine Jacke nähen.«

In den Außenbezirken von Xinmin gab es, am Flußufer des Liu, bereits einen bescheidenen Tempel für den Drachenkönig. Er war in den vergangenen Jahren, in denen es reichlich Regen gegeben hatte, in Vergessenheit geraten; das feurige Rot der Tempelpfeiler war längst verblaßt und hatte sich in puderfahles Pink verwandelt, aber niemand dachte daran, die Farbe zu erneuern. Niemand kam, um Geschenke zu bringen; das örtliche Weihrauchgeschäft hatte sich in Nichts aufgelöst. Jetzt, da die Menschen die Hilfe des Drachenkönigs benötigten, konnten sie plötzlich nicht genug tun, um ihm gefällig zu sein. Das Weihrauchgeschäft belebte sich kräftig.

Nach dem Gebet verbrannte der Bürgermeister das gelbe Papier und verbeugte sich tief vor der Brunnenöffnung.

Die Versammlung folgte seinem Beispiel und verbeugte sich ebenfalls schweigend.

Während die knienden Männer und Jungen wie Tausende reifer Melonen den Boden bedeckten, erschienen fünfzehn riesige rote Trommeln, jede von zwei Männern getragen, und fünfzehn Zimbeln auf dem Schauplatz, um den Drachenkönig mit viel *Dong-Dong* und Getöse zu ermahnen: »Falls du es vergessen haben solltest, o Großer Meister, so hört sich das Geräusch von Regen an.«

Wasser aus dem Brunnen, mit Eimern heraufgezogen, ergoß sich über die dankbaren Männer und Jungen. Eine weitere Erinnerung: »Falls du es vergessen haben solltest, o Drachenkönig, so sieht Regen aus.«

Danach folgte die Menschenmenge dem Bürgermeister und den anderen Würdenträgern wie der lange, um sich schlagende Schwanz des Drachens auf dem Weg durch die Stadt.

Das unentwegte *Dong-Dong-Dong-Dong!* der Trommeln erschütterte die Erde; die schweren rhythmischen Schläge breiteten sich durch die Sohlen seiner nackten Füße in Babas Seele aus. Die Zimbeln lärmten wie zehntausend wütende Frauen, die auf ihre Waschschüsseln schlugen, von den Erschütterungen begannen die ausgedörrten Blätter auf den Baumwipfeln zu rascheln und die Schüsseln in den Schränken zu klirren.

Der stellvertretende japanische Bürgermeister, der zu der Handvoll japanischer Beamter gehörte, die anwesend waren, betete am inbrünstigsten und zeigte einen unvergleichlichen Eifer. (Die Japaner waren nun schon seit fast zehn Jahren in der Mandschurei, hielten sich aber im großen und ganzen unauffällig im Hintergrund; sie nahmen untergeordnete Titel und Posten ein, wie etwa als stellvertretender Bürgermeister, Assistent des Schuldirektors oder stellvertretender Polizeichef, aber tatsächlich hatten sie die Macht in Händen. Die meisten Menschen hatten nur wenig oder nicht direkt mit ihnen zu tun. Aber die Schulkinder mußten den täglichen Unterricht in japanischer Sprache schlucken, der von strengen japanischen Lehrern abgehalten wurde.) Der stellvertretende Bürgermeister tanzte mitgerissen zu der Musik und schwankte wie ein Trunkenbold durch die Straßen.

An den Straßen, durch die der Umzug führte, stellten die Frauen Wasserkübel bereit, um sie über den Köpfen der Vorbeiziehenden auszuschütten.

Gegen Abend hatte man alle größeren Brunnen in Xinmin besucht und mit Gebeten überhäuft. Danach löste sich die Menschenmenge auf. Baba kehrte mit Blasen an den Füßen, staubbedeckt und wie ein Krebs so rot nach Hause zurück.

Und tatsächlich türmten sich drei Tage nach der Zeremonie schwarze Wolken am Himmel auf. Blitze! Und Donnergrollen! Die Drachen hatten sich an die Arbeit gemacht, wanden sich durch die Gewitterwolken, die sich weiter nördlich zusammengebraut hatten.

Dann kam der Regen. Kein dünner Regen, fein wie das Haar im Nacken einer Kuh, der nur mehr von der gleichen Sorte ankündigt. Nein, dieser Regen fiel in Strömen herab, drang bis tief in den Boden, weichte ihn auf. Ah, der Geruch von Regen! Der Drachenkönig hatte ihre Gebete erhört.

Baba sah, wie die Hirse in diesem Jahr zu ihrer vollen Höhe heranwuchs; die reifen Ähren färbten sich rötlichbraun – in einem Rot, das die Herzen der Menschen warm werden ließ.

Die Bürger von Xinmin hielten ihr Versprechen: Bis zum Herbst hatte die Arbeit an dem neuen Tempel auf dem Platz des alten begonnen.

Während des Winters, der alles erstarren ließ, waren die Zimmerleute fleißig damit beschäftigt, auf die Balken und das Gitterwerk Zeichen für ein gutes Omen zu schnitzen; Handwerksleute formten aus Ton Statuen von Göttern und Geistern; Künstler hauchten auf ihre Pinsel, damit die Farbe nicht gefror, während sie die Wände bemalten.

An einem Tag im April schloß sich Baba der riesigen Menschenmenge bei der Eröffnungszeremonie an. Händler verkauften lebende Enten und Gänse, Windmühlen aus Bambusrohr und kandierte Mehlbeeren, nach denen die Kinder lauthals verlangten. Und es war eigens eine Bühne errichtet worden, auf der Opernsänger ihren Teil zu dem ohrenbetäubenden Lärm beitrugen.

Baba war sehr neugierig darauf, den Drachenkönig kennenzulernen. Er drängelte sich in den Tempel, der herrlich nach frischer Farbe und Lack roch. In der Tempelhalle wurde er von einer Gestalt mit dem Kopf eines Drachens begrüßt – mit einem wilden Schnurrbart unter einer roten Knollennase, vorgewölbten Augen, scharfen Zähnen und Geweihen – und mit dem Körper eines menschlichen Wesens, der mit in die Seite gestemmten Armen das lange gelbe Gewand eines Kaisers trug. Als Baba dicht genug herangekommen war, strich er mit den Fingern über die geschnitzten Falten der Robe.

An jeder Seite des Gottes waren seine Statthalter: widerliche Typen mit Köpfen von Fischen, Truthähnen, Krabben und Garnelen. Hinter ihnen breitete sich der tiefgrüne Grund des Meeres aus, in dem es von Kreaturen nur so wimmelte, die zwischen den Säulen des funkelnden göttlichen Kristallpalastes herumschwammen. Von der prächtigen Phantasie des Künstlers wurde es Baba ganz schwindlig im Kopf.

Im darauffolgenden Sommer hatten sie auch wieder reichlich Regen; die Ähren der Hirse standen einen ganzen Fuß hoch. Aber kurz vor der Ernte schwollen die Flüsse Liu und Liao an, die sich südlich von Xinmin vereinten, und traten über die Ufer. In Xinmin hatte es ganz normal

92

geregnet, aber im Nordwesten, in Richtung der Inneren Mongolei, hatte es sturzbachartige Regengüsse gegeben. Das Wasser strömte über die Ufer und überflutete die Felder und ließ nur die Rispen der Hirse zurück, die in dem aufgewühlten, schlammigen Wasser hin und her trieben.

»Womit haben wir das verdient?« fragten die Menschen. »Wir haben uns den Rücken verrenkt, um für den Drachenkönig einen Tempel zu bauen. Trotzdem wendet sich das Wasser gegen uns.«

Es wurden Wahrsager (die einzigen, die von Unglück und Tränen einen Vorteil hatten) zu Rate gezogen.

Einer sagte: »Ihr habt den mächtigen Katzenfisch-Dämon vergessen. Sein Zauber ist unermeßlich groß, denn er hat die letzten zweitausend Jahre mit Meditationen verbracht. Ihr habt mit eurem ganzen Tamtam um den Drachenkönig und seine Geister seinen Neid erregt. Und nun ist dieser Dämon der Flüsse wütend geworden. Wenn ihr die Gewässer beruhigen und glätten wollt, müßt ihr für ihn einen Tempel bauen.«

Baba nahm an der lärmenden großen Eröffnung des Tempels teil, der für den Katzenfisch-Dämon errichtet worden war, und starrte voller Ehrfurcht auf das ungemein häßliche leberfarbene, bärtige Gesicht des Gottes.

Im darauffolgenden Jahr waren die Flüsse gefällig und der Himmel nachsichtig. Und wie schon davor gingen die Weihrauchgeschäfte schlecht.

Eine Geistergeschichte

»Wie kommt es, daß wir so spät am Abend nach Badaohaodao gehen?« fragte Baba seinen Vetter, als sie sich auf ihrer jährlichen Pilgerreise zum Geisterfest in die Menschenschlange einreihten, die aus Shantuozi kam.

Es waren Sommerferien, und mein Vater war von seiner Heimatstadt Xinmin nach Shantuozi gereist, in das Dorf, aus dem der Yang-Clan stammte, in dem sich der Große Ahnherr niedergelassen hatte, als er in die großen Ebenen der Mandschurei gezogen war.

»Pst! Komm einfach mit. Ich werde dir eine Geschichte erzählen, wenn wir zurück sind«, erwiderte der Vetter mit feierlicher Miene.

Laternen flammten auf, glühten wie viele tausend Glühwürmchen. An der Stelle, an der sich die kleine Dorfstraße und Badaohaodao – Straße der acht Gräben – kreuzten, zündeten die Männer und Frauen Räucherstäbchen an und verbeugten sich tief. Sie verbrannten »Geistergeld« – Geld für die Toten –, gelbes Papier in der Form von Münzen: Die Seelen der Verstorbenen würden im Nachleben Geld brauchen, um mit Bestechungsgeldern den Straßen der Hölle zu entgehen oder um ihre Fahrt in den Himmel zu beschleunigen.

Nach der Zeremonie kehrten sie nach Hause zurück,

und Baba saß im Dunkeln im Hintergarten und lauschte der Erzählung seines Vetters – von zwei glücklosen Seelen, die sich vor sehr langer Zeit im Dunkeln in Badaohaodao begegnet waren.

Der Wind, der aus der Richtung des Flusses blies, fegte die Blätter von den Birnbäumen. »Feldhühner« – Frösche – quakten tief im Brunnen im Chor, aber das hörte Baba gar nicht, als ihn die Geschichte seines Vetters viele Jahre zurückversetzte.

In der ersten Dekade dieses Jahrhunderts kam ein Waisenjunge, nicht älter als zwölf Jahre, nach Shantuozi. Hamlet vom Shan-Clan, der Arbeit suchte. Wo er herkam, wußte niemand.

»Deine Haut ist so schwarz, dein Blut muß auch ganz schwarz sein«, sagten die Dorfjungen zu ihm.

»Nein, es ist rot wie das eure«, erwiderte er. »Hier, ich werde es euch zeigen«, und er schnitt sich mit einer Sichel in den Unterarm, wie ein Obstverkäufer, der die Reife einer Wassermelone prüft. Rubinrote Blutstropfen quollen aus der Wunde. Die Kinder gaben einstimmig zu: »Ja, du hast recht. Dein Blut ist wirklich rot.«

Die Leute mochten den dunkelhäutigen jungen Burschen sofort gern; nie war sein glattes rundes Gesicht von Lügen verdunkelt. Wenn er mit den Kuhherden auf der Weide spielte, war sein Lachen lauter als das aller anderen.

Er war kräftig für sein Alter, und so gaben ihm die Dorfbewohner die Arbeit von erwachsenen Männern zu tun; aber sie zahlten ihm nur den Lohn eines Kindes. Trotz dieser Ungerechtigkeit arbeitete er fleißig – mit ganzem Herzen, wie es schien –, denn der Waisenjunge hatte vor, Shantuozi zu seiner Heimat zu machen.

Weil er so robust und kräftig wie ein *gar* war, die hölzerne Kugel in Form eines großen Olivenkerns, die Kinder mit einem Schläger durch die Luft schlugen, nannten ihn die Leute Dong Gar. Mit der Zeit konnte sich niemand mehr daran erinnern, wie sein richtiger Name war.

In unsicheren Zeiten tauchten immer mehr berittene Banditen auf, die *honghuzi* genannt wurden – Rotbärte; sie fielen wie Heuschrecken über das Land her. Die Bauern in den Feldern beackerten ihr Land mit Gewehren auf dem Rücken, um die Banditen daran zu hindern, ihnen ihre Zugtiere mitzunehmen. Die Rotbärte griffen die Dörfer an und stahlen dem Landvolk das wenige, das sie besaßen. In den ärmeren Weilern stahlen sie nicht, sondern verlangten statt dessen, daß man ihnen zu essen gab. Die Leute wurden gezwungen, ihre kostbaren Schweine zu schlachten und die Rotbärte tagelang zu bewirten. Wenn ihre Bäuche voll waren, ritten die gesetzlosen Gäste davon, um sich im nächsten Weiler die gemästeten Schweine zu holen.

Auf dem Hügel, der Alter Großpapa hieß, im Herzen von Shantuozi, waren Posten aufgestellt, die das Auftauchen von Rotbärten am Horizont melden sollten. *Gong! Gong! Gong!* schlugen sie Alarm, wenn sie wie die Fliegen auf der Fensterbank am Horizont auftauchten. (Der Alarm zeigte zugleich die Richtung an, aus der der Angriff kam.)

Gua! Gua! Gua! Hunderte erschrockener Krähen stiegen in den Himmel auf, flogen von den Zypressen, die auf dem Hügel standen, daß die Luft erstarrte.

Die Dorfbewohner schossen auf die Marodeure. Wenn die Rotbärte abstiegen, um neben ihren Pferden herzugehen, war das ein Zeichen dafür, daß sie den Ort nur durchquerten – daß sie auf ihrem Weg zu irgendeinem anderen unglücklichen Dorf waren. Wenn die Rotbärte aber auf ihren schnellen Gäulen sitzen blieben, mußten die Dorfbewohner um ihre Hühner fürchten, um ihre Schweine – und um ihr Leben.

Shantuozi war von einer hohen Mauer aus spitzen Weidenpfählen umgeben. Wenn die Bauern den Alarm hörten, trieben sie ihre Herde durch die Tore, die sich hinter ihnen schlossen. Am Fuß der Mauer legten sich Scharfschützen in die Gräben, um durch die Ritzen zwischen den Pfählen zu schießen.

Dong Gar war stark. Dong Gar war mutig. Dong Gar war obendrein ein erstklassiger Schütze. Wann immer der Alarm ertönte, warf ihm einer der wohlhabenderen Dorfbewohner, die sich Schußwaffen leisten konnten, ein Gewehr zu.

Eines schlimmen Tages brachen Rotbärte durch die Tore ins Dorf, und die Leute liefen zitternd weg, um sich in ihren Häusern zu verkriechen. Aber Dong Gar rührte sich nicht vom Fleck, seine wilden Augen blitzten. Als der Anführer der Meute auf ihn zugeritten kam, nahm er ruhig das Gewehr von der Schulter.

»Die letzte Kugel«, sagte er. »Ich habe sie aufgehoben. Ich habe noch nie danebengeschossen.« *Piang!* Die Kugel traf den Sattelknauf, genau dort, wo Dong Gar hingezielt hatte. Der Anführer der Rotbärte machte kehrt und flüchtete samt seinen Männern.

Während des Winters, an einem Hochzeitstag, bat man Dong Gar, dem man ein Gewehr und ein Pferd gegeben hatte, die Braut und ihre Verwandten zu bewachen, während sie in einem mit Schätzen vollgeladenen Wagen zum Haus des Bräutigams fuhren.

Denn ein anderes Mal war eine Hochzeitsgesellschaft, die den gefrorenen Fluß Liu überqueren wollte, von vier Banditen aus dem benachbarten Heishanxian – Dorf des Schwarzen Berges – überfallen worden.

»Fahr langsam, Fahrer!« befahl Dong Gar, dessen schwarze Augenbrauen vom Feuer der Rache brannten. »Wenn ich dir ein Zeichen gebe, fährst du den Wagen schnell hinüber!

Alle andern gehen runter! Legt euch flach aufs Eis!

Los, Fahrer! Auf geht's!«

Als die Rotbärte näher kamen, benutzte Dong Gar den

Wagen als Schutzschild nach vorn und zur Seite, während er die Kugeln abfeuerte. Er war geübt darin, von einem galoppierenden Pferd aus zu schießen, und beantwortete ihre Schüsse. Zwei Rotbärte wurden getroffen; sie fielen von ihren Pferden und standen nicht wieder auf. Der dritte wurde verwundet und gefangengenommen. Der vierte ritt davon.

Dong Gar konnte sich auf seine Stärke, seinen Mut und seine Tüchtigkeit verlassen, aber auf sein Glück konnte er sich ganz gewiß nicht verlassen, denn es verließ ihn, als er noch im selben Winter gegen eine andere Bande Rotbärte kämpfte: Vielleicht waren es Banditen aus Heishanxian, die gekommen waren, um ihre gefallenen Kumpane zu rächen. Er war gerade einundzwanzig, als eine Kugel sein Herz durchbohrte.

Die Bewohner von Shantuozi begruben ihn vor dem Dorf, auf einem verlassenen Feld neben Badaohaodao. Er bekam ein anonymes Grab dort, wo man auch die anderen Heimatlosen begraben hatte – Männer ohne Familien, die ihre Erinnerungen hätten in Ehren halten können. Im Lauf der Jahre trug der Wind, der aus dem Nordwesten blies und den gelben Sand aus der Mongolei mitbrachte, den kegelförmigen Hügel ab, der sein Grab war.

Die Dorfbewohner hatten die Gewohnheit, ihre Herden neben Badaohaodao weiden zu lassen, aber nach dem Tod von Dong Gar mieden sie diese Gegend. Denn es passierten merkwürdige Dinge: Herden gingen durch, Pferde scheuten und galoppierten mit ihren Wagen davon, nahmen die armen Wagenführer als Geisel. Die Leute sagten, die Tiere könnten sehen, was die Menschen nicht sahen: Sie sähen Geister.

In dem Jahr, in dem Dong Gar starb, war der Zimmermann Wang aus Shantuozi in seinen Fünfzigern – wie es hieß, ein Alter, in dem ein Mann weise genug sein sollte, sich selbst zu kennen.

»Als ich in eurem Alter war, o ja, da war ich so stark, daß ich das eine Ende eines Dachbalkens ganz allein hochheben konnte, während vier, fünf Männer das andere Ende hielten. So stark war ich«, sagte der alte Mann zu seinen Arbeitskollegen. Er legte seine Werkzeuge aus der Hand, nahm seine lange Pfeife und steckte sie sich in den Mund, ein Zeichen dafür, daß er sich daran machte, ausführlich zu berichten.

»Großvater, du mußt aber auch sehr mutig sein, denn Stärke ist etwas, das auf Feiglinge vergeudet ist«, sagte ein junger Mann und lächelte den anderen listig zu.

»Heh heh heh«, lachte der Zimmermann. Sein Gesicht verzog sich selbstzufrieden zu einem runzligen Lächeln. »Ja, das kann man wohl sagen. Ich war dafür bekannt, daß ich im Ringkampf Dämonen bezwungen habe.« Er blies Rauchringe in die Luft, die über seinen Kopf segelten.

»Einmal, bei der großen Eröffnung eines neuen Tempels, als alle den Abt am Altar die Kerzen anzünden sahen, rutschte eine krumme alte Frau so schnell wie eine Eidechse die Tempelmauer hinauf. Oben am Dach angekommen, sprang sie herum und stieß Flüche aus. Während alle dastanden und nur hinaufstarrten, daß ihnen fast die Augen herausfielen, ging ich hinter dem alten Mädchen her, klemmte sie mir unter den Arm und brachte sie wieder nach unten. ›Jaah! Ich bin der Geist der Ratte‹, kreischte sie und wälzte sich am Boden wie ein Fisch auf dem Trockenen. ›Euer Tempel versperrt mir den Eingang zu meinem Loch. Ich werde euch alle ins Unglück stürzen!‹

Nun, ich wußte, was ich zu tun hatte. Ich holte aus meinem Werkzeugkasten eine große, alte Nadel, durchbohrte ihre Nasenspitze damit und belegte sie mit einem Zauberspruch. In kürzester Zeit, weniger Zeit als man braucht, um einen Topf Tabak zu rauchen, hörte sie mit dem Gestrampel und dem ganzen Getue auf. Ich hatte diesen Rattendämon aus ihrem Körper vertrieben.«

Ob ihm seine Zuhörer seine Heldentat glaubten oder nicht, sie nickten und sahen angemessen beeindruckt aus.

Da er allmählich in die Jahre kam und die Zeit wie Blei auf seine Schultern drückte, tat Zimmermann Wang keine schwere Arbeit mehr; er baute statt dessen Möbel und fertigte die feinen Schnitzarbeiten im Gitterwerk über den Fenstern und Türen an.

Er besaß zum Holzschnitzen einen Satz mit achtzehn Messern, auf die er außerordentlich stolz war. Wann immer ihn jemand danach fragte, ließ er sich zu ausführlichen Erklärungen hinreißen.

»Das hier sind meine zuverlässigen Schwerter. Ich lasse sie nie aus den Augen. Ein Meister in der großen Stadt

Fengtian hat sie extra für mich geschmiedet. Auf der ganzen weiten Welt gibt es keine Menschenseele, die sich mit der Arbeit dieses Mannes messen kann.« Der Zimmermann hatte sich eine besondere Kiste gebaut, um seine Werkzeuge aufzubewahren.

Eines Winters, im Monat November, bat man ihn, für eine Familie in Shaojiadi – Land der Shao-Familie – Brautschränke zu bauen. Der älteste Sohn sollte noch vor dem Frühjahrsfest eine Frau heimbringen.

Zwischen Shantuozi und Shaojiadi lagen zwanzig Li unbewohntes Land. Hier und da war ein Feld bebaut, aber der größte Teil lag brach, und nichts außer ein paar Gräsern und erhabenen alten Weiden erhob Anspruch darauf. Morgens vor der Dämmerung legte der Zimmermann die große Entfernung zurück, um arbeiten zu gehen; wenn einer der seltenen Wagen vorbeikam, fuhr er mit. Er bestand darauf, jeden Abend nach Hause zurückzukehren, denn mit dem Alter hatte er bestimmte Gewohnheiten angenommen und konnte sich nicht vorstellen, irgendwo anders zu schlafen als auf seinem eigenen warmen Kang.

An dem Tag, an dem die Schränke fertig waren, sagte der Herr des Hauses:

»Lao Wang, die Sonne steht schon niedrig am Horizont. Es ist zu spät für dich, um noch nach Hause zu gehen. Badaohaodao ist ein Tummelplatz für Dämonen und Geister, sagt man. Warum bleibst du heute nacht nicht hier?«

»Mach dir meinetwegen keine Sorgen. Ich habe mich noch nie um Geister gekümmert«, erwiderte der Zimmermann und klopfte sich laut an die Brust. »Ich kenne mächtige Zaubersprüche, um sie aus dem Weg zu räumen.«

»Der Weg ist lang und die Nacht kalt. Dann mußt du wenigstens mit uns zu Abend essen und eine Flasche *baigar* leeren, um die Kälte zu vertreiben«, sagte der Herr des Hauses.

Nachdem der Zimmermann seinen sechsten Becher feurigen Hirsewhisky getrunken hatte, um die Mahlzeit zu beschließen, setzte er seinen Hut aus Fuchspelz auf, schlang seine Werkzeugkiste um den Griff seiner Axt, schwang die Axt über seine Schulter und machte sich auf den Heimweg.

Es war eine mondlose Nacht, aber der Schnee am Boden verbreitete ein mattes Licht, so daß der alte Mann sehen konnte, wohin er ging.

Gazhi, gazhi – klagte der Schnee unter seinen Füßen, als er, angeheitert von dem *baigar*, fröhlich weiterschwankte.

Nun, er war noch gar nicht so lange in Badaohaodao, als er hinter sich jemanden flüstern hörte:

»Zimmermann Wang.«

»Sicher, das ist mein Name«, murmelte er und drehte sich um. Aber da war niemand. Nur die leere graue Straße, die sich hinter ihm bis nach Shaojiadi erstreckte, und die reglosen, verkrüppelten, wachsamen Weiden an beiden Seiten.

»Wirklich, der Whisky muß mir einen Streich spielen. Das war bestimmt eine Eule, die geschrien hat. Eulen ... Eulen sind ein böses Omen«, murmelte er und ging weiter.

»Zimmermann Wang! Zimmermann Wang!« Es konnte kein Irrtum sein. Jemand rief ihn. Wieder fuhr er herum; aber genau wie zuvor war niemand da. Kalte Angst breitete sich in seinem Herzen aus; er zog den Hals ein, bis er Kragen seiner wattierten Jacke verschwand – wie eine Schildkröte, die sich in ihre Schale zurückzieht. So viele Jahre hatte er damit geprahlt, Dämonen und Geister bekämpfen zu können; jetzt betete er, daß ihn seine Zauberkräfte nicht verließen.

Er nahm den Hut ab und strich mit dem Ballen seiner rechten Hand sein steifes borstiges Haar auf dem Kopf nach hinten. Diese Bewegung erlaubte es *Yanggi*, der positiven menschlichen Energie, weiterzufließen und *Yingi*, die negative Energie, die von Dämonen besessen war, zu verjagen.

»Geister können sich nur in den Radfurchen bewegen; ich muß sehen, daß ich aus ihnen rauskomme, und in der Mitte der Straße gehen, da, wo auch die Pferde gehen«, sagte er.

Das Feuer des *baigar* verlor seine Wirkung; er zitterte jetzt. Durch den hochgezogenen Kragen hallten ihm seine eigenen ungleichmäßigen Atemzüge in den Ohren, klangen wie die Atemzüge von jemandem, der auf ihn zukam. Er fühlte es mehr, als er es sah, daß in der Dunkelheit ringsherum schwarze Gestalten aufragten. Er lief immer schneller.

»Warum haben mir die gute alte Ma und der Pa nicht ein Extrapaar Beine gegeben? Ich muß schneller laufen«, dachte er und wischte sich den kalten Schweiß von der Stirn.

»Ah, das ist schlecht ... das dunkelste Stück Badaohaodao ... ich brauche eine stärkere Zauberformel, um mich zu schützen.« Während er weiterstolperte, sagte er die Zauberformel der Fünf Donnerschläge auf, und danach die Zauberformel von Zhongkui, dem Dämonenjäger, und dabei drückte er die ganze Zeit seinen Daumen in einer Zauberfolge an seine Finger.

Whoop! Irgend etwas, das hinter ihm war, riß ihm den Hut vom Kopf und fegte ihn durch die Luft. Er schwankte ein Stück nach vorn und hob ihn aus dem Schnee auf.

»Ihm nach! Haltet ihn fest! Bindet ihn an!« hörte er neben sich sagen. Wie von einem Stück Eis, das sein Herz durchbohrte, wurde er von Entsetzen gepackt. Seine kurzen Beine trugen ihn, so schnell sie konnten, weiter.

»Haut ihm eins drauf! Schlagt ihn zusammen!«

Und plötzlich – *gatagatagagata!* – fing der Werkzeugkasten zu klappern an und schüttelte sich, als wäre er von

Sinnen. Je schneller er lief, um so wilder klapperte der Kasten. Und seine achtzehn »zuverlässigen Schwerter« sprangen eins nach dem anderen aus der Kiste und sausten hinaus in die Nacht.

Whoop! Schon wieder wirbelte der Hut von seinem Kopf, aber diesmal dachte er nicht einmal daran, ihn wieder aufzuheben. Er rannte blindlings weiter, und sein Atem ging so schwer, als wäre seine Lunge wie die krustige Rinde einer alten Fichte. Und als er wie wild um sich schlug, die Arme wie ein erschrockener Vogel in der Luft schwenkte, verlor er auch noch seine Werkzeugkiste und seine Axt. Er merkte gar nicht, daß er schon seine Schuhe und seine Socken verloren hatte; seine Füße bluteten, aber er spürte keine Schmerzen mehr.

Als er am Gartentor seines Hauses ankam, war er so erschöpft und seine Zunge so starr vor Schreck, daß er es nicht fertig brachte, seine Familie zu rufen, damit sie ihm die Haustür aufmachte. Und er konnte auch nicht anhalten.

Guandang! Was für ein Lärm! Er stürzte gegen die Tür, zerbrach den Balken, mit dem die beiden Paneelen von innen befestigt waren.

Als seine Familie die Öllampe anzündete, lag er mit dem Gesicht nach unten auf dem Fußboden. Sie drehten ihn vorsichtig um – seine Augen waren nach oben gerollt, so daß nur das Weiße zu sehen war –, und aus seinen Mundwinkeln quoll Schaum hervor. Er zitterte am ganzen Körper, zitterte vor Kälte, die nicht weggehen wollte.

Nachdem seine Krämpfe nachgelassen hatten, hoben sie ihn vom Boden auf und legten ihn auf den Kang. Sie kochten Ingwer und flößten ihm heiße Brühe ein. Allmählich wurden seine Atemzüge wieder ruhiger. In den frühen Morgenstunden erwachte der Zimmermann Wang und erzählte mit schwacher, brüchiger Stimme von seinem schlimmen Erlebnis.

»Ich ... ich bin in Badaohaodao meinem Meister begegnet ...«, waren seine letzten Worte, bevor er wieder das Bewußtsein verlor.

Er starb im Morgengrauen. Seine Verwandten begruben ihn im Familiengrab. Und jedes Jahr haben sie zum Qingming-Fest den Boden rings um sein Grab gefegt und das Unkraut herausgezupft, das dort wuchs.

Das plötzliche Heulen von Wölfen am Fluß ging Baba unter die Kopfhaut, aber sein Vetter nahm keine Notiz davon; er erzählte seine Geschichte mit flüsternder Stimme im Garten unter den Sternen weiter:

»... und so starb vor fast zwanzig Jahren ein Mann namens Dong Gar, der eine schwarze Haut und, wie manche glaubten, auch schwarzes Blut in seinen Adern hatte, als er Shantuozi vor den Rotbärten beschützen wollte.

Weil er keine Familie hatte, die die Erinnerung an ihn lebendig hielt, vergaßen die Leute, welchen Dienst der junge Mann dem Dorf erwiesen hatte. Niemand fegte sein Grab, und am Ende verwischte der Wind alle Spuren. Wegen dieses Verrats, wegen dieser Undankbarkeit, hat Dong Gar Badaohaodao heimgesucht, um die Seelen der Reisenden zu stehlen. Er hat auch dem alten Zimmermann Wang das Leben entrissen.

Heute nacht haben wir neben Badaohaodao Geistergeld und Weihrauch verbrannt, denn es ist das Geisterfest – der fünfzehnte Tag des siebenten Monats – und wir dürfen nicht vergessen, die Heimatlosen zu trösten.«

Die große weiße Feier

»Mit dem alten Mann geht es zu Ende! Schickt einen von euren Enkelsöhnen!« rief ein Vorbote schlimmer Nachrichten dem Haus der Yang in Xinmin zu. »Beeilt euch bitte!« Die Brust des jungen Mannes hob und senkte sich von seiner schnellen Reise. Es war spät am Nachmittag in Xinmin, in einer Jahreszeit, in der das stille Licht und die Farbe aus dem Himmel und den Bäumen fließen und in die erstarrte Erde dringen.

»Nummer vier«, sagte der Patriarch und nickte Baba langsam zu – dem Enkelsohn, der die wißbegierigsten Augen und Ohren in seinem jungen Kopf sitzen hatte. »Du mußt dich sofort auf den Weg machen, um die fünfte Generation des Yang-Clans zu vertreten, denn sie haben in ihrem Zweig niemanden, der so jung ist.« Den alten Herrn schien die Nachricht vom nahen Tod seines Verwandten kaum zu berühren; keine Falte der Trauer grub sich in seine hübsche Stirn.

Und so kam es, daß mein Vater auserkoren war, an der »großen weißen Feier« – dem Begräbnis – seines dritten Ururgroßvaters teilzunehmen, die nach dem Brauch der reichen Leute neunundvierzig Tage dauern würde.

Babas Füße zertraten die verwehten Blätter, die sich zusammenballten wie Fäuste und die unter den Dachtraufen und in den Mauerecken noch weiß waren vom Frost.

»Dattelpflaumen! Kommt, kommt alle her! Kostet die süßesten Dattelpflaumen des Jahres!« rief ein Verkäufer von der Straßenecke, der die leuchtenden orangefarbenen Früchte auf seinem Karren verkaufte. »Die letzte Ernte des Jahres! Ihr werdet mit den Lippen schmatzen und die Augen verdrehen!«

Baba hatte keine Zeit für solche Genüsse. Er lief den ganzen Weg bis hin zum Haus des verwandten Clans, der vor acht Generationen den gleichen Vorfahren wie seine eigene Familie gehabt hatte. Außer Atem traf er im Zimmer des dritten Ururgroßvaters ein; aber am Bett des alten Mannes waren so viele Söhne, Töchter, Enkelkinder, Verwandte und wichtige Besucher, daß Baba sich kaum einen kurzen Blick auf ihn verschaffen konnte. Er wußte, daß man den Mann keinen Augenblick allein lassen würde; nein, in einem großen Haushalt gab es keine Privatsphäre, noch nicht einmal beim Sterben.

Wahrscheinlich ist er viel zu schwach, um ihnen zu sagen, daß sie weggehen sollen, überlegte Baba. Um zu sagen: »Nein, ich habe es mir anders überlegt; ich will keinen großen lärmenden Abschied. Laßt mich in Frieden!«

Durch den Körper des alten Mannes pulsierte noch immer das Blut, aber die Frauen zogen ihn schon hastig für seine Reise in die Unterwelt an. Es war leichter für sie, ihn schon jetzt anzuziehen und nicht erst später, wenn seine Gliedmaßen steif waren und sie heiße Handtücher nehmen mußten.

Der Mann würde in eine Robe aus schwarzem Brokat gekleidet werden, mit einem Kranich vorn auf der Brust, in Gold gestickt, der über Wellen fliegt. Auf seinem Kopf, der wie eine Frucht aus dem letzten Jahr zusammengeschrumpft auf dem Kissen lag, saß eine schwarze Kappe, die die Form eines Schiffchens hatte, mit einer hellroten Quaste oben drauf. Beides, Gewand und Kappe, waren die Insignien eines Manchu-Beamten, denn obwohl der dritte

Ururgroßvater unter dem letzten Kaiser niemals eine gehobene Stellung errungen hatte, war es durchaus gerechtfertigt, sein Verlangen nach Macht und Ehre im Himmel zu befriedigen.

»*Bie ku, bie ku.* Es ist nicht die Zeit für Tränen, Frau. Nein, noch nicht«, sagte jemand. »Es bringt Unglück, jetzt zu weinen: Tränen werden es seiner Seele nur schwermachen, Abschied zu nehmen.« Im Tod wie im Leben zählte das Glück; sogar die Frauen, die ihn ankleideten, hatte man sorgfältig ausgewählt: Auf keinen Fall hätte jemand mit einem Unglücksstein Hand an einen sterbenden Mann legen dürfen.

Als von denen, die am Bett saßen, die lang erwarteten Worte »*Yangile!* Er atmet nicht mehr!« kamen, flossen die echten und die falschen Tränen erst richtig. Ein Taifun aus Schluchzern und Klagelauten fegte durch die Kammer, klatschte gegen die vier Wände, peitschte gegen die Decke und dröhnte in Babas Ohren. Es gab keine Pause, keine nachdenkliche Stille. Die Aktivitäten wurden nur noch hektischer.

Baba entdeckte einen Talisman, einen kleinen Fisch, der aus grüner Jade geschnitzt war und den man in den Mund des toten Mannes schob; das geschah, um zu gewährleisten, daß es dem Verstorbenen in der nächsten Welt an nichts fehlte, denn *yu* – der Fisch – bedeutete auch Überfluß. Es war dasselbe Wort. Nachdem der Gegenstand eingeführt war, wurde der Körper vom Kang gehoben (denn es war der Brauch, daß der Sohn den Kopf trug) und auf die Totenbahre gelegt – zwei Türfüllungen, die an beiden Enden auf langen Holzbänken lagen. Den kalt werdenden Körper, der schon steif wurde, hüllte man dann in ein weißes Leinentuch. Man konsultierte den kaiserlichen Almanach und schlug das genaue Datum und die Zeit des Dahinscheidens in den gelehrten Seiten nach, um den letzten Atemzug des toten Mannes zu bestimmen.

»Der Dampf hat jetzt eine Höhe von drei Fuß erreicht und schwebt nach Südwesten davon«, verkündete ein Familienangehöriger mit wissenschaftlicher Genauigkeit. »Jetzt hält er dicht bei der zweiten Reihe Fenster an. Diese Fensterscheiben müssen von heute an neunundvierzig Tage geschlossen bleiben.«

Inzwischen wurde überall ringsherum grobes weißes Sackleinen zerschnitten und zerrissen, aus dem man eilig weite Klagegewänder schneiderte, die in der Taille mit Hanfseilen zusammengehalten wurden. Die Köpfe der Trauernden bedeckten Hüte aus gefaltetem Stoff, wie sie die Daoisten trugen.

Eine Tante setzte Baba barsch einen Hut aus zwei kleinen bunten, zusammengenähten roten und blauen Stoffflecken auf den Kopf, der seinen Rang als Ururenkel des Verstorbenen anzeigte.

Inzwischen hatte der älteste Sohn keine Zeit verloren und war auf einer Leiter aufs Dach geklettert, wo man ihn Anweisungen an den Toten schreien hörte:

»Baba-yaaah! O Vater-yaaah! Geh nach Westen! Auf in den Himmel – in das westliche Paradies!«

Als er wieder vom Dach heruntergekommen war, führte er eine Prozession von vier männlichen Angehörigen des Yang-Clans an, Vertreter der vier aufeinanderfolgenden Generationen. Sie gingen über einen gewundenen Pfad bis zum Tudi-Tempel, wo der Tudi-Gonggong und die Tudi-Nainai, der Gott der Nachbarschaft und seine Frau, den Totenbericht erwarteten.

Der Tudi-Gott, der in seiner kleinen Domäne das Einwohnerregister führte, würde dafür Sorge tragen, daß die Seele in die Unterwelt gelangte, dort würde sie dem Yanluowang, einem Richter der Hölle, vorgeführt werden – einem Bürokraten der ersten Ebene der Unterwelt. Mit Hilfe seiner Gehilfen würde er die Seele entweder zur weiteren Bestrafung an die unteren Ebenen der Hölle übergeben, oder er würde sie für ein frommes Leben belohnen, ihr erlauben, Kummer und Elend hinter sich zu lassen und in einer Wolke hinauf in den Himmel zu schweben.

Jeder der vier Vertreter der Generationen trug angezündete Räucherstäbchen als Opfergabe. Nachbarn säumten den Weg, um sie anzustarren und den Trauerzug zu begutachten. »Baba-yaaah, ha ha! O Papa-yaaah, ha ha!« klagte der Sohn an der Spitze des Zuges; aber er legte nicht viel Gefühl in seine Darbietung. Vielleicht kam das daher, weil auch er schon vom Alter gebeugt war und sich schon bald selbst auf der Totenbahre liegen sah.

»Yeye-yaaah, ha ha! O Großpapa-yaaah, ha ha!« rief der Enkelsohn mit noch geringerem Eifer, dem Vorbild seines Vaters folgend.

»Taiye-yaaah, ha ha! O Urgroßpapa-yaaah, ha ha!« klagte der Urenkel. Zuvor hatten die Verwandten im Haus Baba Anweisungen erteilt:

»Also, du läufst hinter deinen Älteren her, und wenn du an der Reihe bist, rufst du: ›Zutaiye-yaaah, ha ha!‹ Zeig Respekt: Laß den Kopf hängen. Mach den Yang-Clan nicht zum Gelächter der ganzen Stadt.«

Als die Zeit für ihn gekommen war, am Ende der Reihe mit Wehklagen zu beginnen, rief Baba: »Zutaiye-yaaah, ha ha! O Ururgroßpapa-yaaah, ha ha!«

Worüber hätte er Tränen vergießen sollen? – Er hatte absolut keine guten Erinnerungen an den Ururgroßvater, denen er hätte nachhängen können. Ihm war immer nur das Privileg zuteil geworden, sich in tiefer Ehrfurcht am Neujahrstag vor den Füßen des alten Mannes zu verbeugen und auf die Knie zu fallen.

So stießen die vier Trauernden wiederholt ihre Klagen aus, bis sie an dem kleinen Tudi-Tempel aus grauen Ziegelsteinen angekommen waren. Der Tempel hatte zu beiden Seiten der großen Bogen gewölbte Fenster. Seine Dachspitze reichte Baba bis an die Brust.

Die Räucherstäbchen hatten das Innere des Tempels über die Jahrhunderte so dunkel gefärbt wie das Innere eines schwarzen Samtsacks. Ob Tudi-Gonggong und Tudi-Nainai aus Ton oder aus Holz geformt waren, konnte Baba nicht erkennen. Welcher der beiden schwarzen Klumpen der Gott war und welcher seine Frau, ließ sich nur von den beiden Flügeln herleiten, die aus dem Kopfschmuck des Gottes ragten. An ihren Gesichtern war nur die vage Wölbung ihrer Nasen zu sehen, alles andere mußte man sich vorstellen.

Als Baba an der Reihe war, kniete auch er sich vor den beiden ehrwürdigen schwarzen Klumpen auf den Boden und legte sein Weihrauchbündel in die Urne, in der die Asche schon überquoll.

Während der nächsten sieben Tage zogen sie dreimal täglich (des Nachts mit Laternen) zu dem Tudi-Tempel.

Am zweiten Tag nach dem Dahinscheiden des Mannes begann die große weiße Feier erst so richtig. Es wurde ein großes Zelt aus Hirsematten errichtet, in dem der Sarg aufgestellt wurde. Der *fengshui* kam, der aus den Figuren im Sand voraussagte, welches die richtige Stellung für den Sarg war und welches die günstigste Stunde, um den Leichnam in dem Behälter mit rotem Lack und Arabesken aus Gold zur letzten Ruhe zu betten. Er war aus kostspieligen Nadelhölzern von dem legendären Berg Changbai in der Mandschurei gemacht und lief am Fußende spitz zu und wurde nach unten hin schmaler.

Am Eingangstor spielten abwechselnd zwei rivalisierende Musikgruppen, bliesen auf ihren Hörnern und bemühten sich redlich, sich gegenseitig zu übertrumpfen. Sie kündigten das Eintreffen von Gästen an, die Schnüre mit Geistergeld in Form von Münzen oder Goldbarren brachten.

Bald darauf kamen einundzwanzig buddhistische Mönche in das Zelt. Ihr Oberhaupt war schwarz gekleidet, die anderen grau. Scharlachrote *jiasha*, Streifen aus bestickter Seide, deren goldene Fäden im Kerzenlicht glitzerten, schmückten ihre Schultern und ihre Brust; der oberste Priester war am prächtigsten von allen gekleidet.

Es kamen auch zwei Dutzend daoistische Priester – mit langen Haarbüscheln und in schwarzen Gewändern aus Brokat, mit den acht mystischen Buchstaben und dem Yin-Yang darauf –, die Gebete aufsagten.

Baba und zwei Vettern knieten auf den Hirsematten am Fußende des Sargs und verbeugten sich ebenfalls tief, wenn die Würdenträger und Freunde dem Verstorbenen die letzte Ehre erwiesen. Die Besucher warfen sich vor der Seelentafel auf dem Tisch mit Opfergaben nieder, der, mit Früchten beladen, am Kopfende des Sarges aufgestellt war.

»Oje, wie lange soll das noch so weitergehen! Die Prozession ist endlos, und meine Stirn ist schon so weich wie eine angeschlagene Melone von den vielen Kotaus«, klagte Baba stumm.

Aber wie ein endloser Faden, der nicht abriß, zogen Freunde und Verwandte an dem Sarg vorbei, denn eine Beerdigung war, genauso wie eine Hochzeit – die »große rote Feier« – eine günstige Gelegenheit, »viel zu essen, viel zu trinken« und Klatschgeschichten auszutauschen. Es würde keine Ruhepause geben für Baba.

Um Mitternacht begann die ausgeklügeltste aller Seelenmessen unter dem Zelt. Das Oberhaupt der Mönche saß auf einem Podium, das am Kopfende eines langen Tischs errichtet war, um den herum schneeweiße Kerzen standen, die gutes helles Licht spendeten; er trug Texte aus der Sutra vor, während an jeder Seite des Tisches zehn junge Mönche saßen und Lobgesänge anstimmten, gegen Fische aus Holz und Zimbeln schlugen, auf dem röhrenförmigen *sheng* bliesen und leise auf das *ging* klopften, ein glockenartiges Instrument, von dem man wie von einer frischen kühlen Brise einen klaren Kopf und einen ungetrübten Blick bekam.

Jetzt wurden auch die Stahlnägel, »langlebige Nägel«, wie sie genannt wurden (Ha! Wie kann dem toten Mann jetzt noch »Langlebigkeit« nützen? dachte Baba), in den Sargdeckel geschlagen und der Leichnam im Sarg eingesperrt.

Die gesamte Familie kniete nun im Gebet vor dem Sarg, aber jeder war in seine eigenen privaten Gedanken versunken – es wurden Wünsche auf den Weg geschickt, jeder auf seine eigene staubige Straße, alle mit dem gleichen Ziel –, denn durch den Tod ihres Ältesten würde sich im Haushalt unweigerlich die Hackordnung ändern, und es würde zwischen ihnen allen ein Geziehe und Gezerre geben, um die unsichtbaren Bande zurechtzurücken und künftige Maßstäbe festzulegen. Das Haus ist zu groß und zu schwerfällig geworden, mögen sich manche gedacht haben, es ist an der Zeit, den Besitz aufzuteilen. Ich will mich auf eigene Füße stellen.

Auch die Nachbarn nahmen in voller Stärke an diesem ausgeklügelten Abendritual teil, denn die Musik der Mönche, obwohl von Laien nicht zu entziffern, war nicht weniger ätherisch als die Musik, die man in den großen Weiten des Himmels zu hören erwartete.

Aber die Nachbarn kamen auch noch aus einem anderen Grund: um die Frauen des Yang-Clans zu besichtigen, die gewöhnlich hinter den hohen Mauern des Besitzes eingesperrt waren.

Früher am Abend hatte eine Enkeltochter achtzehnmal den Sarg umrundet und ihre Klagelieder gesungen. Gewöhnlich wurde die hübscheste unter den Frauen ausgewählt, diese Pflicht zu erfüllen.

Eine angeheiratete Enkelin, in einem einfachen weißen Kleid aus Sackleinen trat in Erscheinung, die ohne allen Schmuck und Farbe noch anziehender wirkte: Von ihrer eigenen Pracht eingeschüchtert, färbte sich ihre reine durchsichtige Haut in ein blasses Rosa. Es herrschte die einhellige Meinung, daß sie noch schöner sei, als man sich erzählt hatte.

Nach der dritten und letzten Seelenmesse des Tages verließen die Mönche wieder das Zelt, um ihr vegetarisches Essen zu sich zu nehmen und dann zu ruhen. Die Vorstellung war jetzt vorbei, und die geladenen Gäste und die nicht geladenen Zaungäste kehrten in ihre eigenen Nester zurück. Aber weil Baba der Jüngste war, wurde er auserkoren, über den Sarg zu wachen. Auch andere waren mit dieser Aufgabe betraut worden, aber sie sagten zu ihm:

»Nummer vier, du bleibst jetzt mal ein bißchen hier. Wir müssen uns um ein paar andere Dinge kümmern und sind gleich wieder zurück.« Aber sie kamen nicht zurück, so daß Baba allein Wache halten mußte. Er mußte darauf achten, daß die Kerzen und Räucherstäbchen nicht ausgingen, und sie durch neue ersetzen, wenn sie heruntergebrannt waren.

Es war alles ein spannendes Schauspiel gewesen, als Musik und Rituale das Zelt erfüllt hatten. Aber jetzt verbreitete der höhlenartige Raum eine völlig andere Stimmung. Die bedrückende Stille der Nacht legte sich über das Zelt, brachte geheimnisvolles Dunkel. Es war fast, als könnte er hören, wie der Frost in sorgfältigen Lagen die Dächer überzog. Und es nützte Baba nichts, daß er den Kragen seiner Jacke höher um den Hals zog und die Ärmel nach unten, bis über seine Finger, denn die Kälte kam von tief innen aus seiner Brust.

Der Herbstwind bahnte sich einen Weg durch die Ritzen und bewegte die großen Schriftrollen, die von der Decke hingen und auf denen eine der zehn Ebenen der Hölle dargestellt war; er bewegte die zahllosen weißen Fahnen, auf denen berühmte Schreibkünstler mit schwarzen Pinselstrichen den Tod priesen. Die beiden letzten

Kerzen auf dem Opfertisch zuckten und warfen Babas eigenen furchterregenden Schatten über die Bilder.

Je länger er die Beschreibungen der Hölle studierte, um so gewaltiger und erschreckend wahr wurden die Bilder, die Ränder der Schriftrollen verschwammen mit denen seiner eigenen, dreidimensionalen konkreten Welt; Schauer des Entsetzens liefen ihm über den Rücken, so daß sich die kleinen Härchen seiner Haut aufstellten und sein Schädel unter der Haut zu kribbeln begann.

Auf einer der Schriftrollen war ein Mann zu sehen, der von einem Haken durchbohrt war und daran an einer großen Waage hing: In seinem langen sündigen Leben hatte er sich nie etwas dabei gedacht, wenn er die Gewichte auf der Waage verändert hatte, um seine Kunden zu übervorteilen.

Während der endlosen Nacht wurde die ganze Behausung von einer seltsamen Heftigkeit erschüttert, und die Bänder, mit denen die Zuckerrohrmatten an den Rahmen befestigt waren, stöhnten, während sie sich an dem Holz rieben. Sogar der Sarg schien zu rumpeln und zu schwanken.

»Ob der dritte Ururgroßvater in seinem Leben hinterhältig gewesen ist? Ob er jetzt zwischen den Schulterblättern an einem Haken aufgehängt ist?« überlegte Baba.

Und als der Wind dann noch stärker blies und das Zelt noch unheilvoller zu klagen schien, sah es aus, als würde sich der schwere Sargdeckel verschieben und langsam aufgehen. Eiszapfen bohrten sich bis tief in Babas Herz.

Also, wenn ein Mann krank wird, beten Freunde und Verwandte fieberhaft zu Himmel und Erde, daß er wieder zu Kräften kommt; aber umgekehrt, wenn ein Mann tot ist, würde sich kein Freund oder Verwandter wünschen, daß der Leichnam aus dem Sarg heraussteigt und wieder herumspaziert. Baba betete jetzt fieberhaft, daß der Verstorbene ruhig liegenbleiben möge.

»Ob der dritte Ururgroßvater in der Hölle gepeinigt wird? Vielleicht hält er es nicht mehr aus und versucht wieder rauszukriechen!« sagte er laut. »Ich glaube, es gefällt ihm nicht besonders in dem Sarg... Wie ich hörte, hat er ihn schon ausprobiert, ob er auch bequem und groß genug ist, als er noch ganz munter war, und er war sehr stolz auf die teure Kiste, in der er eines Tages liegen würde.«

Baba zwang sich, wieder zurück zu den Bildern von der Hölle zu sehen, weil es viel beruhigender war, sie vor Augen zu haben als den Sargdeckel. Er fühlte sich von den verblüffenden (wenngleich schauerlichen) Bildern abgestoßen, aber gleichzeitig auch angezogen. Menschliche Seelen wurden von dunkelhäutigen rotköpfigen Teufeln, deren Nüstern sich so groß und rund aufblähten wie die von Pferden, auf Klippen aus funkelnden Messern geworfen: Bestrafung für alle, die ihre tägliche Schale Reis mit Blutvergießen erworben hatten. Andere wurden mit Mistgabeln in große Ölfässer getrieben und darin geröstet: Es waren respektlose Söhne und Töchter. Spitze »Wolfszahn«-Stöcke schlitzten das nackte Fleisch von all jenen auf, die sich des nicht wieder gutzumachenden Verbrechens der Gräberschändung schuldig gemacht hatten. Dämonen stachen all jenen die Augen aus, die bei ihren Freunden und Nachbarn etwas stibitzt hatten. Baba überzeugte sich schnell, ob seine eigene weiche rosa Zunge noch fest in seinem Hals saß, da die Teufel nämlich jenen Menschen die Zunge herausschnitten, die ihre falschen Schlangenherzen hinter Buddha-Worten verborgen hielten. Schließlich verweilte sein Blick auf dem zehnten und letzten Bild mit dem Rad der Wiedergeburt: Seelen, denen es nicht erlaubt war, in den Himmel zu entschweben, sondern die als Kühe, Hühner, Maulesel oder arme leidende Menschen auf die Erde zurückgespuckt wurden.

»Ich frage mich, ob Ururgroßvater in einen Hahn oder einen Hund verwandelt wurde?« überlegte Baba.

Nicht nur die Dunkelheit und die Geräusche der Nacht waren störend, sondern auch sein Geruchssinn wurde von der heimtückischen Mischung aus Nadelholz, Lack, Weihrauch, Kerzenwachs, öligem Rauch vom Verbrennen des Geistergeldes aus Papier und dem heiligen Hirsewein angegriffen. Nein, da war kein Verwesungsgeruch einer Leiche: Die Jahreszeit war kühl, und der Tote war in eine gesonderte Kiste im Sarg gelegt worden, und beide Deckel waren fest mit Kitt versiegelt worden. Und trotzdem strömte der Geruch des Todes dick und schwarz von der Decke, dicht bei seinen Ohren, drang in seine Nase ein und setzte sich in seiner Kehle fest.

Aber dann kam für Baba endlich doch der Morgen. Er wischte all das Böse fort und bescherte seinen Augen fröhlichere Bilder und einen Geschmack von Sonnenlicht auf der Zunge. An jenem dritten Trauertag wurden an einer leeren Stelle neben der Straße – unter den Augen der Nachbarn, die zusahen, und ihren wilden Kindern, die herumtollten – farbenprächtige und fein gearbeitete Modelle von Häusern (und alles, was darin war, einschließlich der Betten) und winzigen Haustieren angezündet und in einem fröhlichen Flammenmeer in den Himmel geschickt. Der ganze Haushalt wartete jetzt schon auf den dritten Ururgroßvater, wenn er in seinem neuen Heim am Himmel eintraf. Alles, was er in seinem Leben auf der Erde besessen hatte, würde ihm im Himmel zur Verfügung stehen (vorausgesetzt, er schaffte es bis zu dieser heiligen Adresse und wurde nicht als Opferschwein des Frühlingsfestes aus der Unterwelt nach Hause zurückgeschickt).

»Diesmal gibt es keine Papierkuh zum Verbrennen«, dachte Baba. »Große durstige Kühe sind für Frauen... so wie bei der Frau des Nachbarn Ding, der man eine für das Nachleben mitgab, als sie starb, damit sie das ganze Wasser trank – das ganze Wasser, das sie in ihrem Leben beim Kochen und Putzen verschwendet haben mochte.«

Nach dem siebenten Tag wurde das Zelt abgerissen, und das Fest ging zu Ende, aber danach kehrten alle sieben Tage buddhistische Mönche zurück, um am Mittag in der kleineren Behausung, die den Sarg beherbergte, eine ruhigere Seelenmesse abzuhalten.

Aber der farbenfreudigste und lauteste Teil der großen weißen Feier sollte erst noch kommen.

Am neunundvierzigsten Tag, dem letzten Tag der Trauer, wurde der Sarg unter einem strahlend blauen Himmel auf einem großen Palankin in der Form eines Hauses davongetragen. Das indigoblaue Tuch war mit Drachen bestickt, die zwischen Wolken und zwei Kindern herumwirbelten – »Goldjunge« und »Jademädchen«, die den Verstorbenen auf seiner Reise in den Himmel begleiten würden.

Der Palankin wurde auf den Schultern von sechzehn sehr geübten uniformierten Sargträgern mit kegelförmigen Hüten getragen, die wie blaue Lampenschirme aussahen. Ihr Anführer wieselte um sie herum und ließ sich manchmal sogar im Palankin tragen, während er durch das kleine Fenster vorn hinausspähte. Er dirigierte sie und ihre präzisen Schritte im Takt mit dem *Klack-klack-klack* seiner beiden Stöcke, die schon ganz abgewetzt waren und glänzten und aus dem Holz des »Stahlpflaumen«-Baums gemacht waren. Wenn sie Zeichen bekamen, reagierten die Sargträger fehlerlos wie eine Militärband; sie wußten genau, wann die hinteren für jeden Schritt, den die vorderen taten, zwei Schritte auf die Seite machen mußten, um den Palankin herumzuschwingen. Der Weg durch die schmalen Straßen und Gassen war keine leichte Sache: Die Sänfte war an die fünf Meter lang und über zwei Meter breit, und die Träger, die hinten gingen, konnten wegen ihrer Größe überhaupt nichts sehen.

Ganz vorn vor dem Reiterzug sprangen drei schielende *kailugui* mit offenen Mündern herum – Teufel, die den

Weg freimachen – Männer, deren Gesichter wie die von Dämonen blau und grün angemalt waren und die die Menschen erschrecken sollten, die sich versammelt hatten, um sich den Zug anzusehen, und die Straßen so hoffnungslos verstopften, daß die Prozession nicht vorankam und stehenbleiben mußte.

Hinter den »Teufeln« kamen einige Gongs – jeder auf einem Schulterpfahl zwischen zwei Männern –, ihr tiefes düsteres *Dongdong* gefolgt von den Mißtönen der Hörner und Zimbeln. Und direkt hinter den kostümierten Musikern kamen Buddhisten und Daoisten in ihren Rüschengewändern, blassen gelben Staub aufwirbelnd. Und ganz zuletzt, in einer Reihe hinter dem Palankin, folgte die endlose Prozession der Trauernden in Sackleinen (die Frauen auf Pferdekarren), eine Generation nach der anderen, die die flatternden weißen Beerdigungsfahnen trugen.

Fast ganz am Ende der Prozession schlenderte Baba. »Sieh mal die da«, hörte er eine Zuschauerin zu ihrem Gefährten sagen, während sie sich mit den Ellbogen eine bessere Sicht verschaffte. »Die Trauernde da drüben, sie hält sich ihr Taschentuch vor den Mund, und sie klagt auch, aber die kann doch niemandem was weismachen!«

»Und jetzt die alte Frau da. Die hat schon ganz schön Übung; für die ist das Heulen eine richtige Kunst... tut dem Toten alle Ehre«, sagte eine andere Trauernde in der zweiten Reihe.

Aber im großen und ganzen seufzten die Leute entlang des Weges voller Neid und Bewunderung beim Anblick der Prozession und waren sich einig, daß der Leichnam noch vornehmer war, als man raunen gehört hatte.

Der Zweig des Yang-Clans, dem der dritte Ururgroßvater angehörte, war über die Jahre ungeheuer wohlhabend geworden, und so hatte er in Xinmin sein eigenes Familiengrab eingerichtet, anstatt auf dem Alten-Großpapa-Hügel in Shantuozi, dem Dorf der Ahnen.

Es war ein großes Stück Land in dem spärlich besiedelten nördlichen Teil der Stadt. Erdhügel markierten die schon existierenden Gräber. Junge Zypressen und Weiden waren frisch angepflanzt.

In einem feierlichen Ritual wurde der Sarg in das Grab versenkt. Der älteste Sohn schaufelte ein paar Spaten voll Erde hinein und verbeugte sich tief mit seinen knirschenden alten Knochen. Buddhistische Mönche gingen im Kreis und murmelten Gebete. Zimbeln schlugen zum Geheul von Dutzenden Trompeten, während Arbeiter das Grab zuschaufelten. Später würde man eine kreisrunde Abgrenzung aus Ziegeln um den Erdhügel anlegen und einen Grabstein davor aufstellen, in den der illustre Name des Mannes eingemeißelt sein würde. Und so endete die große weiße Feier, eine Zeremonie, deren Rituale vor langer Zeit tiefe Bedeutung für die Trauernden gehabt hatten, die aber im Verlauf der Jahrtausende jetzt nur noch starre Effekthascherei waren.

Das sorgfältig arrangierte Begräbnis des dritten Ururgroßvaters hatte neunundvierzig Tage lang gedauert und eine große Menge Geld gekostet; aber der reiche Mann war zufrieden und mit dem Traum gestorben, daß seine Nachkommen jedes Jahr an sein Grab kommen würden, um es zu fegen und das Unkraut auszurupfen und Lobgesänge anzustimmen.

Zu derselben Zeit, als der dritte Ururgroßvater starb – als der Stern des Yang-Clans noch immer am Steigen war –, sah ein anderer Clan, die Lis von Xinmin, seine blühenden Tage in trüber Dunkelheit versinken. Obwohl sein Name noch immer voller Respekt genannt wurde, war es nur ein hohles Echo seines früheren Ansehens.

Im Haus des Yang-Clans, im Arbeitszimmer des Patriarchen, hing eine Schriftrolle, und die Schrift darauf war von der sicheren Hand des bemerkenswertesten Mitglieds des ganzen Li-Clans. Li Rubai – die Pflaume, die wie eine Zypresse ist – war der poetische Name des Mannes. Baba liebte es, die anmutige und doch feste Schrift eines Mannes zu studieren, der lange vor seiner eigenen Geburt gestorben war.

Man erzählte sich, daß Li Rubai in der letzten Dynastie ein hohes Amt bekleidet hatte und daß er sich, als er von Beijing zurückgekehrt war, mit großem Reichtum zur Ruhe gesetzt hatte. Er ließ sich in Xinmin nieder, wo er auf einem riesigen Besitz mit zwei imposanten zinnoberroten Toren Hof hielt. Der unbepflanzte Boden war über und über mit grauen Ziegelsteinen bepflastert, und im äußeren Hof war aus glänzenden weißen Steinen ein wunderbares Podium errichtet, von dem aus der frühere hohe Beamte mit Hilfe seiner Diener auf sein Pferd stieg, wenn er ausreiten wollte.

Aber wegen des luxuriösen Lebens, das sein großer Reichtum den noch folgenden Generationen seines Clans ermöglichte, verschwendeten seine Söhne, Enkel und Urenkel auch nicht die Spur eines Gedankens daran, selbst Geld zu verdienen, sondern taten den lieben langen Tag nichts anderes, als sich zu überlegen, wie sie es ausgeben konnten. Sie vertrödelten ihre Zeit damit, extravagante Kleidung zu tragen und ihren diversen Lastern zu frönen.

Einige von ihnen widmeten sich dem kostspieligen Hobby, seltene Singvögel aufzuziehen; Baba hatte oft gesehen, wie Li Rubais Urenkel verzierte Käfige herumtrugen, immer zwei, die von Haken an den Enden zierlicher geschnitzter Schulterstangen hingen. Am Rande der Stadt, in einem Kiefernwald, in dem eine leichte Brise wehte, trafen sie sich mit anderen Vogelliebhabern, hoben die Käfige hoch in die Luft und brachten so ihre Vögel dazu, in Gesang auszubrechen.

Aber ohne die Liebe zur Arbeit im Herzen seiner Nachkommen war es natürlich, daß der Reichtum von Li Rubai mit der Zeit vergehen würde, und natürlich beschleunigte sich dieser Prozeß nach seinem Tode noch mehr.

Es fiel den Bewohnern von Xinmin nicht schwer, die deutlichen Zeichen des Niedergangs im Hause Li zu erkennen. Das Haupttor war, als noch genügend Geld dagewesen war, jedes Jahr mit einer neuen Schicht zinnoberroter Farbe instand gehalten worden; aber als die Truhen leer wurden, ließ man zu, daß die Farbe verblich und platzte und abbröckelte und sich später wie von der Sonne verbrannte Haut schälte.

In den Jahren danach waren die Mauern, die das Anwesen umgaben, eingestürzt. Zuerst verkauften die Nachkommen von Li Rubai nur die zerbrochenen Ziegelsteine, aber mit der Zeit rissen sie die noch stehenden Teile selbst ein und verkauften alles. Unnötig zu sagen, daß es, nachdem die Mauern weg waren, keine Verwendung mehr für die Tore gab, so daß auch sie abgerissen und verkauft wurden. Übrig blieben nur noch die Gebäude – einsam, nackt und in sich selbst versunken, die Fensterrahmen hatten sich durch Regen und Wind verzogen und sahen aus wie schamhaft niedergeschlagene Augen.

Eines Tages im Sommer nach dem Tod des dritten Ururgroßvaters hörte Baba mit an, was sich die Erwachsenen im Nordgarten ihres Hauses erzählten.

»Die Nachkommen von Li Rubai sind zu nichts nutze«, sagte eine Tante.

»Und wieso?« fragte ein Onkel.

»Nun, nachdem sie jetzt alles verkauft haben, auch die Gebäude, graben sie die Gräber in der Grabstätte ihrer Ahnen auf. Und wißt ihr, wie sie es ihren Nachbarn gegenüber begründen? Sie sagen, diese Stelle habe ihnen Unglück gebracht: Der *fengshui* – der Wind und das Wasser – sei schlecht, und deshalb sei ihr ganzes großes Vermögen zerronnen. Sie sagen, sie würden die Knochen an einen anderen Ort mit einem besseren *fengshui* bringen.

Aber das ist alles sehr durchsichtig. *Hunnh!* Ihr wißt doch genausogut wie ich, daß es Grabschändung ist. So weit ist es mit ihnen gekommen. Entweihung! Lieber selbst die eigene Familie ausplündern, als zu warten, bis es Fremde tun!«

Baba, der immer neugierig war, ungewöhnliche Dinge zu sehen, ließ es sich an jenem Tag nicht nehmen, hinzugehen, um zu erfahren, wie man ein Ahnengrab öffnete. Er lief zu dem Friedhof des Hauses Li, der im nordwestlichen Teil der Stadt lag. Hier waren viele Generationen des Li-Clans begraben, so daß es keine leichte Aufgabe war, die vielen Knochen herauszuholen. Dickbäuchige Keramikurnen, so hoch, daß sie Baba bis an den Bauch reichten, standen neben den Gräbern, die ausgegraben werden sollten. Die schmalen Öffnungen der Gefäße waren mit roten Stoffstücken bedeckt, und auf jeder Urne stand der Name des Vorfahren, dessen zerbröckelnde Oberschenkel und Schlüsselbeine dort hineingelegt werden würden.

Aber es wurde auch eine Zeremonie benötigt, um vor der lärmenden Menschenmenge, die sich versammelt hatte, das Gesicht zu wahren. So hatte man einen einzelnen Musiker gemietet, der auf seinem kleinen Instrument blies. Ein paar Schalen ungekochte Hirse und Sojabohnen waren aufgestellt, in denen Räucherstäbchen steckten. Und dann gab es ein paar eilige Verbeugungen vor den lang verschiedenen Geistern.

Während die Trompete weiterspielte, beobachtete Baba, wie die Männer den sich schon zersetzenden Sarg von Li Rubai öffneten und darin herumwühlten.

Die Termiten hatten sich durch das Holz gebissen. Aus dem starken Geruch, den die Insekten absonderten, schloß Baba, daß sich auch Ameisen darin niedergelassen hatten. Wie sich dann zeigte, war das Sarginnere voller Erde.

Zuerst zog man den Schädel von Li Rubai aus dem Schutt und steckte ihn durch die Öffnung in die Urne.

Baba hörte, wie er, leise klappernd, auf dem Boden landete. Die größeren Bein- und Hüftknochen wurden ebenfalls in die Urne verfrachtet, aber die kleinen zerbrochenen oder losen Stücke ließ man einfach liegen, damit sie ihren langsamen Zerfall zu Staub fortsetzen konnten.

Aber natürlich waren Knochen nicht gerade das, weswegen die Nachfahren von Li Rubai an dessen Grab gekommen waren.

Sie gruben nach den Antiquitäten und Schmuckstücken, die er in seinem Leben geliebt hatte und die er mit ins Grab genommen hatte. Nachdem die größeren Stücke herausgehoben waren, siebten sie die Erde lange und gründlich nach den kleineren Stücken aus Jade und Gold durch, die üblicherweise in oder über den »sieben Öffnungen« aufgehoben wurden: Augen, Ohren, Nase und Mund des Toten.

Baba sah, wie ein kleiner Fisch aus grüner Jade aus der Erde gezogen und in einen der bereitstehenden Leinensäcke gesteckt wurde – nicht in die Urne.

Dieser Jadefisch sieht genauso aus wie der, den sie in den Mund des dritten Ururgroßvaters gelegt haben, dachte Baba. Zweifellos war dieses Stück auch einmal auf die Zunge von Li Rubai gelegt worden.

In dem Sarg von Li Rubais Frau suchten die Nachkommen gründlich nach Gold, Silber und kostbaren Juwelen in Form von Kopfschmuck, Halsketten, Anhängern und Ringen.

»Wißt ihr was? Der Enkel und der Urenkel sind jetzt wieder ganz schön reich«, erzählte man sich später überall in Xinmin. »Wißt ihr, wie viele Generationen der Lis dort begraben liegen? Stellt euch bloß mal all die Schätze vor!«

Aber Baba dachte: Was wird am Ende mit den Knochen in den Urnen geschehen? Doch er brauchte gar nicht erst zu fragen, denn man konnte sich leicht vorstellen, daß die Knochen der großen Vorfahren bis weit hinaus aus der

Stadt gebracht wurden – an einen Ort, der so einsam war wie Badaohaodao im entfernten Shantuozi – wo man heimatlose Bettler, nur in rote Matten gewickelt, zu begraben pflegte.

Man würde die Gebeine des Li-Clans in dem einsamen Niemandsland in flache Löcher werfen, nur von Staub und Steinen umgeben, wo sie ihre letzte Ruhe finden würden.

In wenigen Jahren würden die alten Grabstätten ausgeräumt und verkauft sein; die Zypressen würden gefällt und als Feuerholz weggekarrt werden.

»Ich habe das heilige *I Ching* – das *Buch der Wandlungen* – nun schon zehn Jahre studiert, habe bis spät in die Nacht viele große Kerzen verbrannt...«, las Baba auf seiner geliebten Schriftrolle im Studio des Patriarchen.

Es war an dem Abend, an dem mein Vater von den Ausgrabungen des Li-Clans zurückgekommen war. Plötzlich empfand er ein tieferes Verständnis für die vertraute Schrift. Er las weiter:

»...durch mein wachsendes Verständnis für das *I Ching* wurde der Pinsel in meiner Hand von dem mächtigen grenzenlosen Geist des niemals gleichen, niemals sich ändernden Universums erfüllt. Gezeichnet, Li Rubai von westlich des Flusses Liao.«

Die leuchtenden Pinselstriche im laufenden Text ergossen sich mit stiller Zuversicht über die Wand. Jeder Schriftzug legte Zeugnis ab von dem stolzen Mann, der ihm Leben eingehaucht hatte. Die Schriftrolle war ein persönliches Geschenk von Li an den aufstrebenden Yang-Clan – er, der in seinem Leben vielleicht gelernt hatte, den sterblichen Traum vom ewigen Reichtum aufzugeben.

Feuerwagen

 Die dritte Großtante meines Vaters hatte von den Feuerwagen nur gehört. Sie hatte niemals einen gesehen. Die Nord-Süd-Linie der Eisenbahn, die von Shenyang nach Beiping führte, war schon seit mehreren Jahrzehnten in Betrieb, aber sie rumpelte nicht durch ihr Dorf.

»Feuerwagen... Feuerwagen«, hörte Baba sie im Haus der Yang sagen. »Wie seltsam – ein Wagen, der auf Flammen fährt.« Sie kannte Schubkarren, Kuhkarren, Eselskarren und Pferdewagen, aber Feuerwagen gehörten nicht zu ihrer Welt und ihrer Phantasie.

Sie war nie aus ihrem Heimatdorf Shantuozi herausgekommen. Als sie nach Xinmin kam, um an der großen weißen Feier teilzunehmen, der Begräbniszeremonie ihres Clans, war es das erste Mal, daß sie die sechzig Li bis in die Nachbarstadt fuhr – eine Tagesreise mit dem Wagen.

Frauen – und besonders Frauen vom Land wie sie – hatten wenig Gelegenheit zu Abenteuern, und wenn sie noch so klein waren: Sie waren damit beschäftigt, über die Hälfte der Welt in Gang zu halten.

Als Mädchen mußten sie innerhalb der engen Grenzen ihrer Häuser bleiben, wo sie die Gänse, die Ziegen, die Schweine und die Hühner fütterten, wo sie Kleider nähten, stickten, Schuhe anfertigten. Für unverheiratete junge

Frauen gehörte es sich nicht, sich von Fremden auf der Straße anstarren zu lassen.

Wenn sie älter wurden, gab es für sie noch viel weniger Gelegenheiten, einmal rauszukommen, denn sobald sie verheiratet waren, wurde ihre Zeit völlig vom Kochen, Waschen, der Sorge um den Ehemann und die angeheiratete Verwandtschaft und von der großen Kinderschar in Anspruch genommen. Erst wenn sie in einem sehr hohen Alter waren, wenn sie selber Schwiegertöchter hatten, die die Hausarbeit erledigten, gelangten sie in den Genuß, an Hochzeiten und Beerdigungen von Verwandten an entfernten Orten teilnehmen zu können.

Das dritte Großtantchen war klein und untersetzt und schwang die Hüfte beim Gehen, wie es Frauen mit verkleinerten Füßen tun (ihre Füße wurden erst dann nicht mehr eingebunden, wenn sie schon erwachsen waren). Baba hörte sie immer lachen und kichern, denn als Frau mit fast siebzig Jahren und einer ganzen Truppe Schwiegertöchter (und einer Armee Enkelkinder) brauchte sie sich keine großen Sorgen mehr zu machen.

»Drittes Großtantchen, wenn du willst, gehe ich mit dir zum Bahnhof, damit du die Feuerwagen selbst sehen kannst«, hörte Baba den zweiten Bruder sagen.

Der ältere Bruder, der neben Baba stand, stöhnte. Er hielt sich selbst für einen Gelehrten und hatte keine Zeit für einen solchen Unsinn. Nainai warf einen besorgten Blick in Richtung ihres zweiten Sohnes, während sie stumm an ihrer langen Pfeife zog.

»Nimm mich auch mit! Ich habe auch noch nie einen Feuerwagen gesehen«, sagte eine gebeugte alte Matrone vom Land.

»Ich auch nicht!« rief schnell eine andere.

Nur der zweite Bruder, dessen Seele so tief und so weit war wie das Gelbe Meer, konnte auf die Idee kommen, für alte Mütterchen vom Land den Reiseleiter zu spielen. Er war ein sportlicher, geselliger Bursche, ein Mann mit einem breiten Grinsen und lautem Lachen. Alle hatten ihn gern.

Am nächsten Morgen um acht Uhr machten sie sich auf den Weg. Der zweite Bruder zog wie eine kräftige Mutterhenne mit einem halben Dutzend fröhlicher, plappernder alter Damen – mit festen kleinen Haarknoten am Hinterkopf – im Gefolge zum Bahnhof, der am anderen Ende der Stadt lag. Sie kamen keine Minute zu früh dort an. Der Zug, der einmal am Tag aus Shenyang herdampfte und nach Süden fuhr, »kam gerade in rasendem Tempo und Rauch ausstoßend angaloppiert«, wie es das dritte Großtantchen ausdrückte.

»Ich werde für alle eine Bahnsteigkarte kaufen. Dann könnt ihr es euch aus der Nähe ansehen«, sagte der zweite Bruder. »Das wird besser sein, als wenn ihr euch am Fenster im Wartesaal die Hälse verrenken müßt.«

Der Zug wurde langsamer und blieb stehen.

»*Aiyaya!* Hört euch das an! – Er schreit wie zehn Kühe so laut, aber er ist zehntausendmal größer«, sagte das Großtantchen, während sie das Ungeheuer mit zahnlosem, offenem Mund anstarrte.

»Wo sie schon hier sind, können sie doch auch einen Blick hineinwerfen«, dachte sich der zweite Bruder. Er half seiner gackernden Hühnerschar, einer nach der anderen, in den nächsten Personenwagen.

»*Hai*, wie elegant! Wie wunderschön!« seufzten und zwitscherten sie. Sie strichen mit den Händen über die Rückenlehnen der schwarzen glänzenden Kunststoffsitze, befühlten die gestärkten grünen Tischtücher und befingerten die Porzellanvasen, die mit Seidenblumen geschmückt waren. So etwas gab es bei ihnen zu Hause nicht.

Gerade als sie der zweite Bruder durch die hintere Tür hinausscheuchen wollte, rollte der Zug langsam aus dem Bahnhof.

»Schnell! Schnell! Bitte, beeilt euch! Wir müssen aussteigen!« rief er; aber seine Schutzbefohlenen, die auf ihren winzigen Füßen hin und her tippelten, waren viel zu langsam.

»*Aiyaya!* Wir fahren!« rief eine entzückte Großmama.

»Ja, Schwester, wir fahren wirklich. Und es schwankt kein bißchen – viel weniger als mit den Pferdewagen mit den neuen Gummireifen«, sagte das dritte Großtantchen.

Der zweite Bruder schwitzte wie eine Regenwolke. »Ich habe nur für die Bahnsteigkarten bezahlt. Jetzt habe ich kein Geld mehr, und wir sind schon auf dem Weg nach Beiping... was soll ich nur den anderen zu Hause sagen?... Falls wir überhaupt jemals wieder nach Hause kommen.«

»Das ist komisch. Sohn Nummer zwei ist seit heute morgen mit den Frauen weg«, sagte Yeye im Haus der Yang. Baba sah, daß das Gesicht seines Vaters aschfahl war. »Wir haben schon Nummer vier und den Wagenlenker losgeschickt, um sie nach Hause zu holen, aber sie waren nirgends zu finden. Nirgends war auch nur das Geringste von ihnen zu sehen. Wie kann das sein? Schließlich suchen wir doch nicht nach einer verlorenen Stecknadel.« Yeye haßte Unordnung und Überraschungen.

»Nur Nummer zwei konnte so verrückt sein, sie mitzunehmen. Nur er konnte es fertigbringen, mitsamt den Frauen verlorenzugehen«, sagte der älteste Bruder mit einem höhnischen Lachen.

»Ich hatte schon befürchtet, daß so etwas passieren würde«, sagte Nainai. »*Aiya*, einen so unruhigen Sohn wie Nummer zwei zu haben ist nicht leicht. An dem Tag, an dem ich geboren wurde, fielen Hagelkörner, so groß wie Enteneier, vom Himmel; die Wahrsager sagten meiner Mutter, das würde bedeuten, daß mein Leben eine einzige Katastrophe sein würde. Wahrlich, wie recht sie hatten.

Also, erst im vergangenen Winter, da hat mir Nummer zwei großen Ärger gemacht. Wißt ihr noch, was damals geschah?!«

Wie hätte Baba es vergessen können? Selten hatte er seine Mutter so wütend gesehen.

Sein zweiter Bruder, der liebste von vier Brüdern, der sechs Jahre älter war als er, liebte das Essen. Gutes Essen. Als er alt genug war, eine Arbeit zu haben, war er als Buchhalter für den Bezirk Xinmin tätig. Und da konnte er es sich leisten, auf das Gedrängel am Eßtisch, den Kampf um die Eßstäbchen und das wenig einladende Essen, das in großen Mengen gekocht wurde, um die große Familie satt zu kriegen, zu verzichten.

Adrett in einen westlichen Anzug gekleidet und mit einer sportlichen Tweedkappe auf dem Kopf, suchte er die Restaurants auf, die mit Delikatessen wie »Löwenkopf«, »Sauspieß mit Silberohren« und »Hammelragout« aufwarteten, daß einem das Wasser im Munde zusammenlief. Baba war neidisch auf seinen Bruder, denn er war jünger und mußte zu Hause essen. Im Winter, wenn er seinem Bruder in seinen schweren Wintermantel half, durfte er in der Tasche nach losen Münzen angeln, mit denen er sich kleine Stückchen geröstetes Eselfleisch kaufen konnte; das sehnige Fleisch über den Hufen des unglücklichen Tieres war alles, was er sich leisten konnte. Aber häufiger noch verfolgte er den zweiten Bruder bis zu den Restaurants, um sich für den Preis, nichts von dem Wohlleben des Älteren zu verraten, verköstigen zu lassen.

Im Jahr davor hatte sein Bruder sein mageres Einkommen voll ausgeschöpft, fuhr aber trotzdem fort, seinen Lieblingsspeisen zu frönen, indem er die Rechnung auf die Bezirksverwaltung ausstellen ließ.

Natürlich bezahlte die Verwaltung nicht für seine Ausschweifungen. Am Ende des Jahres, als alle Verpflichtungen beglichen werden mußten, sah er sich mit der Tatsache konfrontiert, das Frühlingsfest, das chinesische Neujahr, im Schuldturm verbringen zu müssen.

»Frau, wer wird die Rechnung für den großen Appetit von Nummer zwei bezahlen? Ich habe kein eigenes Einkommen«, hatte Yeye zu Nainai gesagt. »Du mußt in das Haus deiner Mutter zurückkehren und dein Vieh verkaufen. Wie sonst sollen wir ihn retten? Den Patriarchen können wir nicht um Geld bitten, denn die anderen in der Familie werden große Augen machen und sich beschweren. Ah, du mußt dich beeilen, damit das Haus der Yang nicht das Gesicht verliert.«

Als Nainai noch ein Mädchen war, hatte sie sich Geld verdient, indem sie auf den Sojabohnenfeldern nach der Ernte noch einmal die Reste auflas. Sie hatte das Geld gespart, um sich eine Kuh zu kaufen; später, als sie noch mehr Geld hatte, hatte sie der einsamen Kuh einen Gefährten gekauft. Es überraschte nicht, daß sich die Tiere, sich selbst überlassen, fortgepflanzt hatten. Als sie geheiratet hatte, war Nainais Neffe beauftragt worden, sich um die Herde zu kümmern.

In den arbeitsreichen Jahren als Schwiegertochter, deren Tage an den heißen Küchenherd im Hause Yang gebunden waren, hatte sie nur selten an ihre Tiere gedacht, aber jetzt, als sie damit konfrontiert wurde, sie verkaufen zu müssen, erinnerte sich Nainai daran, wie schwer sie als junges Mädchen dafür gearbeitet hatte, um sie zu erwerben; es gefiel ihr ganz und gar nicht, ihre Tiere für ihren verschwenderischen Sohn zu opfern.

Nainai fuhr auf einem Mauleselkarren zwei Tage lang durch den Schnee bis zu ihrem Elternhaus auf dem Land; dort forderte sie ihren Neffen auf, fünf Tiere aus der Herde auf den Markt zu bringen.

Der Neffe tat dies nur widerwillig, denn seit ihrer Heirat hatte seine Tante niemals von ihrem Besitz gesprochen, und er hatte schon gehofft, daß sie die Herde völlig vergessen hätte. Außerdem hatte er ihre Tiere zusammen mit seinen eigenen gehalten und vermehrt, so daß jetzt niemand mehr so genau wußte, welche Tiere wem gehörten.

»Da der Verkauf so schnell vor sich gehen mußte«, sagte der Neffe zu Nainai, »konnte ich von den fünf Tieren nur zwei verkaufen.« (Vielleicht hatte er sich aber auf dem Markt einfach entschlossen, sich nur von zweien zu trennen.)

»Und sie haben sich nur zu einem sehr geringen Preis verkaufen lassen«, fügte der Neffe hinzu. (Vielleicht hatte er einfach beschlossen, nur das Geld aus dem Verkauf von einem Tier abzuliefern.)

»Macht nichts«, sagte Nainai, als sie die schlechte Nachricht hörte. »Ich muß jetzt schnell wieder nach Xinmin zurück.«

Und sie kehrte, dem Schnee trotzend, gerade noch rechtzeitig nach Hause zurück, um Babas zweiten Bruder vor dem Gefängnis zu bewahren.

Die Wintersonne verschwand im Westen, während die Familie mit wachsender Angst und voller Zorn wartete und wartete und sich alle möglichen tragischen Dinge vorstellte.

Als man Baba schließlich drängte, noch einmal am Bahnhof nachzusehen, waren am Tor Hundegebell und Gelächter zu hören.

»Ich bin so hungrig, daß ich ein ganzes gebratenes Schwein alleine verspeisen könnte«, hörte er die Stimme des dritten Großtantchens sagen, das die Schar der müden, aber glücklichen Kriegerinnen anführte; aus ihrem festen kleinen Haarknoten hatte sich keine einzige Strähne gelöst.

»Wir sind bis in das Weidenflußdorf gefahren! In nicht einmal einer halben Stunde haben wir fünfundzwanzig Li zurückgelegt!« erklärte das Großtantchen Baba kichernd.

»Dort mußten wir den ganzen Nachmittag warten, um auf einem anderen Feuerwagen wieder zurückzukommen. Wir hatten überhaupt kein Geld für die Fahrkarten... aber Nummer zwei konnte sie davon überzeugen, daß man sich im Hause Yang ganz bestimmt der Rechnung annehmen wird.«

Der zweite Bruder, der den Schluß des Zuges bildete, lächelte ein wenig einfältig.

»Durch die Fenster habe ich die Bäume und die Masten und die Maulesel und Hunde rückwärts laufen sehen!« erzählte das dritte Großtantchen meines Vaters. »Das müßt ihr euch mal vorstellen... das müßt ihr euch bloß einmal vorstellen! Hier folgt die Welt ganz anderen Regeln als bei uns in Shantuozi.«

Der lebende Buddha

 In einiger Entfernung nordwestlich von Xinmin, der Heimatstadt meines Vaters, stand geduckt ein Stück alte Mauer; vor Jahrhunderten, als sie noch höher war, diente sie als gewaltige Festung gegen die Nomadenstämme der Steppe. Nachdem die Manchu-Horden sie im siebzehnten Jahrhundert erst einmal überwunden hatten, um die Herrschaft über das Reich der Mitte anzutreten, verfiel sie zur Ruine; zu Babas Zeit war nichts anderes mehr übrig als ein Erdwall – mit runden geglätteten Formen, wie sie nur die Hände der Zeit schaffen können – ein Vermächtnis, das von Blutvergießen, schnellschlagenden Herzen und dem Aufbrüllen der Kanonen auf den Terrassen erzählte.

Vor langer Zeit war entlang der alten Mauer ein Dorf entstanden, das wegen seiner Nähe zu der östlichen Kanonenterrasse den Namen Dongpaotaizi erhielt. Aber später gewöhnte man sich daran, es einfach nur Paotaizi, zerbrochene Terrasse, zu nennen.

In dem Jahr, in dem Baba fünfzehn wurde, erzählte ihm der Fuhrmann im Haus der Yang die Geschichte von einer Persönlichkeit, die früher einmal in diesem Dorf gewohnt hatte. Der alte Mann trug die vornehme Bezeichnung Zhao der Beamte. Aber wie er dazu gekommen war, diesen kaiserlichen Titel zu erwerben, war eine Frage, über die sich alle den Kopf zerbrachen. Es war niemandem bekannt, daß er die vielen Prüfungen bestanden hätte, die nötig waren, um unter dem Kaiser in dieses hohe Amt zu gelangen. Man nahm an (aber das hätte er nie zugegeben), daß er sich diesen Titel für viel Geld gekauft hatte, als die Tage der Qing zu Ende gingen – als die Manchu-Dynastie in ihren letzten Zügen lag und in Geldnot war.

Aber wenn Zhao den Titel tatsächlich gekauft hatte, woher hatte er dann zuallererst das Geld gehabt? Auch darauf wußte niemand eine Antwort.

»Genausowenig wie ein Pferd fett wird, wenn man ihm nicht in der Nacht eine Extraportion zu fressen gibt«, pflegten die Leute zu sagen, »genausowenig wird der Geldbeutel eines Mannes dicker, wenn er keine Waren besitzt, die er durch dunkle Geschäfte erworben hat.«

Die Gerüchte in dem Dorf und darum herum wurden mit der Zeit, wie eine feine Stickerei, immer kunstvoller:

Es hieß, daß Zhao und seine Frau ihr gemeinsames Leben in einer Erdhütte begonnen hätten, wo sie gleich am ersten Abend nach ihrem Einzug ein seltsames froschartiges Wesen mit nur drei Beinen entdeckten, das aus einer Ecke ihrer Hütte gehoppelt kam und dessen Körper in der Dunkelheit wie Gold erstrahlte. Als sie es fangen wollten, sprang es mit einem Satz in die Ecke zurück. Zhaos Frau zog eine lange bronzene Haarnadel aus ihrem Knoten und stach nach ihm, aber da verschwand das dreibeinige Ding wie ein Glühwürmchen, wenn es sein Licht löscht. Doch sobald sie die Nadel wieder wegnahm aus der Ecke, kam das seltsame Wesen wieder herausgehoppelt.

»Das muß ein Zeichen des Himmels sein: Es muß dort etwas begraben sein«, sagte Zhao zu seiner Frau. Als der Mondschein nicht länger auf die Fensterscheiben fiel und das Knabbern der Mäuse das einzige Geräusch in der Nacht war, begannen sie zu graben. Und siehe da! Ihre Schaufel stieß an etwas, das wie Töpferware klang und das sich dann als nicht nur eine, sondern gleich drei mit Gold-barren gefüllte Urnen herausstellte.

So hatte man sich in der Nachbarschaft die Ursache für Zhaos Reichtum vorgestellt. Und es war nicht gänzlich auszuschließen, daß das Paar ein solches Versteck tatsäch-lich entdeckt hatte, denn in all den unruhigen Jahrhunder-ten an der Grenze, mit der ständigen Bedrohung durch die plündernden Nomaden, hatten es sich die Leute zur Ge-wohnheit gemacht, ihre Wertsachen zu vergraben. Wenn die Besitzer starben, starb das Geheimnis mit ihnen, und die vergrabenen Schätze warteten auf irgendeinen Glücks-pilz, der irgendwann einmal auf sie stoßen würde.

Aber ganz abgesehen davon, wie Zhao zu seinem Geld gekommen war, mit dem er sich den Titel eines Beamten erwerben konnte, gekauft hatte er ihn bestimmt, als er mit seiner Familie in die Hauptstadt Beijing gezogen war. Und als er diesen kaiserlichen Titel erst einmal besaß, brauchte er nicht länger nach verborgenen Schätzen zu graben, falls er das tatsächlich je getan hatte. Wie allgemein bekannt war, diente ein Titel als sicherstes, einfachstes Mittel, zu großem Reichtum zu kommen; unter dem Tisch wurden einem Beamten von den langen Schlangen der Bittsteller, die an sein Tor klopften, ständig große Summen zuge-steckt.

Nachdem er seine Schätze viele Jahrzehnte lang in der Hauptstadt angehäuft hatte, kehrte Zhao, als er in den Ru-hestand ging, in das Dorf bei der gebrochenen Terrasse zurück, kaufte riesige Ländereien, baute sein großes Haus und hängte sich eine eindrucksvolle Amtsrobe an die Wand (die er wahrscheinlich in einem Pfandhaus in Bei-jing gekauft hatte). Zurück in seinem Heimatdorf, lebten er und sein wachsender Clan im großen Stil und mit viel Komfort.

Nun war es für einen Sohn einer wohlhabenden Fami-lie schon immer leicht, sich zu verheiraten, denn es war für ihn durchaus nicht ungehörig, sich eine Frau aus einer weniger prominenten Familie zu nehmen, als seine eigene war; aber bei einer Tochter war das, alles in allem, etwas völlig anderes: Es war wichtig, daß sie sich mit jemandem zusammentat, der ihr in gesellschaftlicher und ökonomischer Hinsicht völlig ebenbürtig war oder, besser noch, wenn es jemand war, dessen Familie noch reicher und noch angesehener war als ihre eigene.

Viele Jahre lang gab es, als es für die einzige Enkelin von Zhao dem Beamten Zeit zum Heiraten wurde, in der ganzen Gegend keinen einzigen jungen Mann, der den strengen Erfordernissen ihrer Familie hätte gerecht werden können. Und hätte es ihn gegeben, dann wäre es trotzdem höchst unwahrscheinlich gewesen, daß er um ihre Hand angehalten hätte, denn sie war von ganz unbestreitbarer Häßlichkeit.

Eine große, tonnenförmige Frau mit winzigen Augen, die wie nach innen gebogene Löffel aussahen, so daß viele Leute mit Kopfschütteln erklärten, sie wäre das ekelerregende Abbild ihres Großvaters. Aber was noch schlimmer war: Sie hatte auch sein unbeherrschtes Wesen geerbt, hieß es, denn auch wenn sie niemals jemanden tatsächlich mit dem Besen oder dem Spazierstock ihres Großvaters geschlagen hatte – Waffen, die sie häufig in die Hand nahm –, schüchterte diese gewaltige Frau mit ihrer streitbaren Haltung nicht nur die Besucher ein, die ins Haus kamen, sondern auch ihre eigene Familie.

Obwohl es der Enkelin an Schönheit und Ausgeglichenheit mangelte, fehlte es ihr nicht an Bildung, denn, ganz im Unterschied zu dem, was für Mädchen üblich war, hatte sie die klassischen konfuzianischen Lehren studiert. Das verringerte ihre Aussichten auf eine Heirat sogar noch mehr. Nach dem Sprichwort: »Mädchen, denen Talente fehlen, sind wertvoll und bringen allen Glück«, glaubte man umgekehrt, daß Mädchen mit Talenten große Schwierigkeiten mit sich bringen. Niemand würde eine Frau haben wollen, die klug und gebildet war: Der Hahn, nicht die Henne, besorgte das Krähen.

Nun, viele Jahre zuvor, unmittelbar nach der Rückkehr des Beamten in das Dorf, war eine Nonne an seine Tür gekommen, hatte die Sutras gesungen und dazu den heiligen *ging* geschlagen.

»Ah, wie ich sehe, führt das Haupttor eures Hauses nach Südwesten«, hatte sie mit ihrer weisen geübten Stimme gesagt. »Das ist die Richtung, aus der der *shui* fließt; das ist der Grund, warum sich der Reichtum wie eine Flut in euer Haus ergossen hat.« Ja, sie wußte um die schmeichlerischen Worte, für die die Reichen eine besondere Schwäche besaßen.

»Habt ihr einen Familienaltar für den Buddha?« hatte sie dann gefragt. Als man sie einlud hereinzukommen, sagte sie: »Ah, ja, aber wie ich sehe, ist er viel zu sehr nach Südwesten gerichtet. Das gottesfürchtige *huo*, das Feuer des Altars, wird von zu viel *shui* ausgeblasen. Ihr müßt die Richtung ändern, wenn ihr Unheil vermeiden und weiterhin Glück haben wollt.«

Und später, als sie schon vertrauter war mit der Familie, nahmen ihre Empfehlungen zu:

»Wie ich hörte, lebt hoch oben im Berg Qian ein einsamer Mönch, ein Künstler, der mit seinem Pinsel den Geist des wahren Buddha heraufbeschwört. Wenn ihr ein Bild von einem solchen Mann an eure Wand hängt, holt ihr bestimmt den Gott selbst in euer Heim und erntet noch größeren Reichtum für die künftigen Generationen.« Im Lauf der Jahre hatte sich die Nonne tief in den Schoß der reichen Familie eingeschmeichelt: Für sie war jedes Wort von ihr heilig, und natürlich erhielt sie große Geschenke von ihnen, mit denen sie ihre Schatztruhe füllte.

In dem Jahr, in dem die Enkelin von Zhao dem Beamten ihren vierzigsten Geburtstag und damit ein Alter erreicht hatte, in dem sie kaum noch zu verheiraten war, gab die Nonne der Familie eine Empfehlung:

»Es tut ihr nicht gut, so allein zu Hause zu sitzen. Ich schlage vor, ihr übergebt sie mir, dann werde ich sie auf den Pfad der Erleuchtung bringen.« Die Familie stimmte zu, die Enkelin gehen zu lassen, denn jeder wußte, daß ein Haus mit einer alten Jungfer darin dem Glück nicht gerade förderlich war.

Niemand wußte, ob die alte Jungfer diesem Plan auch zustimmte, denn sie legte nicht ihre übliche Wildheit zur Schau, sondern folgte der Nonne nur schweigend aus dem Haus in die Abgeschiedenheit. Ihr Gesicht war leer, von keinem Schmerz getrübt. Wie gelang es ihr, das Bedauern um die Zeit der Erfüllung, die ihr nicht vergönnt war, zu bewältigen, die für andere so natürlich war wie der Sonnenschein und der Wind?

Am Anfang kam die Enkelin – immer unter strenger Bewachung der Nonne – zu kurzen Besuchen nach Hause zurück, aber als ein Jahr um war, wurden die Besuche seltener, bis sie schließlich ganz aufhörten und ihre Familie keine einzige Nachricht über ihr Wohlergehen erhielt.

Aber im Frühjahr 1944, als der japanische Marionettenstaat Manchukuo seinem Untergang entgegensteuerte, erfuhr Baba von dem Fuhrmann der Familie die merkwürdige Geschichte von der Rückkehr der Frau in das Dorf der gebrochenen Terrasse (und so erzählte er Baba folglich auch von all den Gerüchten und der Kunde darüber, wie ihr Großvater seinen Titel und seinen Reichtum erworben hatte).

»Sie hat hoch oben auf einem Berg in der Provinz Heilongjiang meditiert«, berichtete der Fuhrmann. »Sie hat sich in einer winzige Zelle ohne Tür verborgen gehalten – nur mit einer kleinen Öffnung, durch die man ihr Nahrung und Wasser reichte. In dieser Welt aus vier Wänden blieb sie zehn Jahre lang völlig allein. Stell dir das vor – zehn

Jahre! Ich schätze, zwei oder drei Jahre sind schon viel für jemanden, der nur dasitzt und meditiert. Es heißt, daß sie erleuchtet wurde und daß sie jetzt wieder zurück in ihrem Heimatdorf ist. Dort empfängt sie die Gläubigen, die zu ihr kommen, um sich von ihr segnen zu lassen.«

Wie es schien, war die Familie von Zhao dem Beamten – der alte Mann selbst war schon lange tot – glücklich, sie wiederzuhaben, nicht als verbitterte alte Jungfer, sondern als lebenden Buddha (wie sie von ihrer stets gegenwärtigen Wächterin, der Nonne, genannt wurde).

Die Enkelin hatte sich verändert. Ihr Zorn war verflogen. Und obwohl sie eine große Frau blieb, war die Plumpheit, die früher mit ihrem riesigen Körper verbunden gewesen war, vergangen, und sie bewegte sich jetzt mit stattlicher aufrechter Würde. Manche Leute gingen sogar so weit zu sagen, daß ihr Gesicht mit der Ruhe, die es ausstrahlte, fast schön zu nennen wäre. Was für eine unbeschreibliche Freiheit hatte von ihr Besitz ergriffen, als sie so viele Jahre in der Zelle ihrer Befreiung eingesperrt gewesen war!

Ihre Familie baute ihr auf dem Familienbesitz einen Tempel, und die alte Nonne wurde zu ihrem Sprachrohr.

Das Gerücht von den göttlichen Kräften der Enkelin wogte wie Wind über die Steppen zu weit entfernten Städten und Dörfern. Je mehr sie von ihren Kräften sprachen – einer erzählte es zwei anderen, und die zwei erzählten es vier anderen –, um so größer wurde ihr Ruhm und genauso ihre Autorität.

Man erzählte sich, daß sie den Kranken, die taumelnd zu ihr kamen, über die Köpfe strich oder ihnen heiliges Wasser aus dem »göttlichen Fluß« reichte, so daß sie wieder gesund wurden und die Schmerzen aus ihren Gliedern verschwanden.

Die Gesunden und Kräftigen kamen ebenfalls, um ihre Segnungen zu empfangen: Fuhrmänner, die Waren über

Hunderte von Li quer durch die von Banditen durchkämmten Grasebenen liefern mußten, kamen, um sich vor ihr zu verbeugen und um Schutz für Mann und Tier zu bitten. Alte Eltern von Viehhändlern, die durch die Innere Mongolei reisten – über dreihundert Li weit draußen hinter der alten Erdmauer –, um dort Herden zu kaufen, kamen und baten darum, daß ihre Männer und Jungen heil und gesund in die Mandschurei heimkehrten: Wie man wußte, wurden viele von ihnen von Viehdieben oder wütenden Bauern getötet, deren Pflanzen von den Herden auf ihrem Weg nach Südosten aufgefressen wurden.

Männer und Frauen, jung und alt, strömten zu dem Tempel, trampelten einen Weg, auf dem nichts Grünes zu sprießen wagte; schon bald zwangen sie die Zhao-Familie, ringsherum eine Mauer zu bauen, um die Menschenmengen, die vor der Morgendämmerung eintrafen und am Abend bei hereinfallender Dunkelheit weggescheucht werden mußten, bändigen zu können. Die eifrigeren und lebhaftesten Bittsteller kletterten über die Mauer, anstatt zu warten, bis man sie durch das Tor hereinließ.

Aber zwei Frauen reichten nun nicht mehr aus, um mit der großen Menschenmenge fertig zu werden und den Tempel in Ordnung zu halten: Man stellte Waisenmädchen als Novizinnen ein, um die Kerzen anzuzünden und den Boden zu fegen; arme Verwandte des Zhao-Clans fanden dort eine sehr einträgliche Beschäftigung, denn das Geschäft des Buddhismus erforderte viele geschickte Hände, um das viele Geld einzusammeln, das durch das Tor hereingerollt kam.

Mit dem Geld aus der überfließenden Schatztruhe wurde der Tempel vergrößert; durch das Hochziehen neuer Mauern wurden innere und äußere Höfe geschaffen; neben der Halle von Buddha wurde ein Raum angebaut, in dem die Zimmerleute einen goldenen Thron in Form einer sich entfaltenden Lotusblüte errichteten; dort, auf den

141

Blütenblättern, ruhte die Enkelin von Zhao dem Beamten, während sie den Strom der Bittsteller empfing.

Aber als die Menschenmenge immer mehr anschwoll – der Geruch von Körpern wurde fast unerträglich und der Rauch der Weihrauchstäbchen brannte in den Augen –, wurde es die Enkelin müde, immer Segnungen zu erteilen; sie saß mit gekreuzten Beinen auf ihrem Thron, schloß die Augen und meditierte. Es wurde nun nicht mehr über Köpfe gestrichen. Doch diese Distanzierung führte dazu, daß ihr Ansehen nur noch größer wurde. »Seht euch ihr ruhiges strahlendes Gesicht an«, sagten die Menschen voller Ehrfurcht. »Sie hat die Haut eines Kindes, obwohl sie schon über Fünfzig ist: die rosigen Wangen eines Säuglings.«

»Wie kann sie ein lebender Buddha sein?« fragte sich Baba bei einem Besuch, den er dem Tempel im späten Sommer mit dem Fuhrmann der Familie abstattete. »Sie trinkt Tee aus einer zierlichen Tasse und ißt von einem vergoldeten Teller das Fleisch von Melonensamen, den andere emsig für sie geöffnet haben. Ich dachte, lebende Buddhas brauchen nichts zu essen und zu trinken.«

Andere hatten ähnliche Zweifel, und schon bald nach Babas Besuch in dem Dorf der gebrochenen Terrasse wurde berichtet, daß der Tee und der Melonensamen nun weggelassen würden. Es hieß auch, daß sie jetzt Tag und Nacht meditierte, niemals mehr von ihrem Lotusthron herunterstieg.

Darauf machte ein Gerücht die Runde: Der lebende Buddha würde in den »westlichen Himmel« zurückkehren! Und die Bittsteller kamen und sahen, daß anstelle eines rosigen Glühens die Haut des Buddhas in einem goldenen Licht erstrahlte.

Und nach dieser phantastischen Enthüllung kamen die Leute vom Land in noch größeren Scharen, und die Flut der Geschenke, die dem Tempel gemacht wurden, überschwemmte alles.

Aber obwohl der Wahn um den lebenden Buddha weit verbreitet war, gab es nicht nur begeisterte Gläubige. Besonders eine Gruppe Menschen hatte geradezu Angst vor ihr. Das waren die japanischen Besatzungsbehörden, denen die Macht in der Mandschurei aus den Händen glitt.

»Was, wenn sie sich in die Politik einmischt? Was, wenn sie diese Bauern gegen uns aufwiegelt? Ihr wißt, daß sie die Gedanken und Herzen der Menschenmassen auf ihren friedlich geöffneten Händen hält. Die Leute vom Land stehen wie unter einem Bann! Sie kommen aus weiter Ferne, stehen bei Tagesanbruch auf, um zu ihr zu reisen, gehen einen Schritt und werfen sich hin, gehen noch einen Schritt und werfen sich wieder hin; tagelang gehen sie so, übernachten in Gasthäusern oder bei Verwandten auf ihrem Weg; sie gehen weiter und werfen sich hin, gehen weiter und werfen sich hin, bis sie bei ihrem Lotusthron sind.«

»Der lebende Buddha«, sagten die paranoischen Japaner, »könnte dem chinesischen Untergrund helfen, uns zu stürzen.«

Und so setzten sie ihre Polizei auf den Tempel an; die sagte bei ihrer Ankunft dort: »Wir sind gekommen, um den Buddha zu schützen, weil wir gesehen haben, daß die Menschen aufsässig werden.«

Aber natürlich waren sie in der Hoffnung gekommen, ihren Zauber zu brechen.

Da die Japaner selbst ehrfürchtige Buddhisten waren, versuchten sie nicht, der ganzen Sache ein Ende zu machen; genausowenig versuchten sie, den Pilgern den Zutritt zum Tempel zu verwehren.

Was sie taten, war einfach: Sie bewachten die Frau, die auf dem Lotusthron saß, rund um die Uhr. »Wenn sie wirklich ein lebender Buddha ist, wie diese alte Füchsin von einer Nonne behauptet, wird sie ihre Lippen nicht mit Nahrung besudeln«, sagten sie. Und so richteten sie ihr Augenmerk auf ihre Lippen, um sicherzugehen, daß man der Frau nicht mitten in der Nacht irgendwelche Häppchen zusteckte, wenn die Türen des Tempels für die blinden Verehrer geschlossen blieben.

Nun ist es wahr, daß ein Mensch durch lange Jahre der Selbstkasteiung dazu gelangen kann, Fleisch und Geist zu beherrschen, fähig sein kann, tagelang zu meditieren, ohne sich zu rühren; also sah die Polizei zu, sah einfach nur zu und wartete ab.

Nachdem sie einen Tag, zwei Tage, drei Tage, vier Tage unbeweglich ausgeharrt hatte, taumelte der lebende Buddha am Abend des fünften Tages mit einem lauten *gudong!*, das ohne Vorankündigung kam, mit dem Kopf voran von ihren Lotusblütenblättern auf den Ziegelsteinboden, einem toten Buddha gefährlich nahe.

Ihre Wächterin, die alte Nonne, bat die japanische Behörde um Gnade, denn sie war es gewesen, die sich den Hokuspokus ausgedacht hatte; sie war es gewesen, die das Gesicht ihrer Schutzbefohlenen rot angemalt und später mit Goldpuder bestäubt hatte.

Die Japaner bestraften das Pärchen nicht (man glaubte, daß unter dem Tisch Geld gereicht wurde), sondern forderten es nur auf, aus der Gegend zu verschwinden. Die Enkelin von Zhao dem Beamten, die gelernt hatte, sich dem »Nein« im Leben zu beugen, verschwand mit der alten Nonne aus dem Dorf der gebrochenen Terrasse, ohne auch nur ein Wort zu verlieren.

»Der lebende Buddha ist tatsächlich in den westlichen Himmel zurückgekehrt«, hörte Baba die Pilger sagen, die von dem Dorf der gebrochenen Terrasse zurückkehrten. Aber mein Vater neigte eher dazu, den Bemerkungen jener zu glauben, die neidisch seufzten:

»Dieser Zhao-Clan weiß wirklich, wie man zu Geld kommt. Dieses Wissen pflanzt sich immer weiter fort, in der ganzen Familie – vom Großpapa bis zur Enkelin. Ja, ja, wer es im Blut hat, braucht nur seiner Nase zu folgen, und schon ist er reich, egal wie.«

Der Niedergang

»Wenn das Reich untergeht, werden sich Dämonen erheben«, sagte ein sehr alter Graubart. »Ich habe es gesehen – ich habe es mit meinen eigenen schwachen alten Augen gesehen. Denkt an meine Worte: Wenn Herrscher stürzen, wird das Unnatürliche fliegen.«

Als Baba diese Voraussage hörte, fiel er, wie alle um ihn herum, in nachdenkliches Schweigen, das von einer Mischung aus Freude, Neugier und Angst erfüllt war – Freude, weil der unrechtmäßige Staat Manchukuo besiegt sein würde, Neugier auf die Veränderungen, die darauf folgen würden, und Angst, weil die Veränderungen zum Chaos führen würden.

Aber solche Ankündigungen versetzten die Japaner in Angst und Schrecken. Ihre Beunruhigung über den Einfluß, den der lebende Buddha ausgeübt hatte, war eines der vielen Anzeichen dafür gewesen, daß ihre Macht schwand.

Sie waren nun schon seit 1931 in der Mandschurei, das waren dreizehn Jahre. In den letzten drei Jahren hatte ihre Stärke ständig abgenommen – seit ihrem Angriff auf Pearl Harbor, der die Amerikaner unmißverständlich auf die Seite der Chinesen geschlagen hatte.

Aber weil sie die Herrschaft verloren, gingen die Japaner noch schärfer gegen das Volk vor. An die Einwohner der Mandschurei wurden hohe Forderungen gestellt. Grundstoffe wie Sojabohnen und Hirse und Baumwolle für Kleider waren streng rationalisiert und wurden zur Versorgung weit entfernter japanischer Truppen in den Pazifik geschickt.

Es war im Spätherbst 1944, nach der Hirseernte, als meinem Vater Gerüchte über ein seltsames Phänomen zu Ohren kamen, genauso, wie es der Graubart vorausgesagt hatte.

Nicht weit von Xinmin entfernt, in nordöstlicher Richtung, in einem früheren Außenposten der Manchus, der Lanqipuzi hieß – Garnison des Blauen Banners –, war mit dem ersten Schneefall, der die mandschurischen Ebenen wie mit einem Laken überzog, ein weißes Pferd aufgetaucht.

»Das ist seltsam«, hörte Baba die Leute sagen. »Es fliegt wie der Wind auf langen Beinen, mit einer wehenden weißen Mähne. Niemand vermag es einzufangen, nicht einmal die Truppen geübter Reiter, die ihm nachjagen.«

»Manche von den Burschen behaupten, sie hätten einen blendenden Lichtstrahl gesehen, der von oben kam und in dem das Pferd dann plötzlich verschwand.«

»Höchst unnatürlich...«

In jenem Herbst wurde noch von anderen bizarren Geschehnissen berichtet.

Eines Abends hörte Baba im Haus der Yang seinen vierten Onkel von dem absonderlichen Benehmen einer Einwohnerin von Xinmin erzählen. Einer alten Frau namens Ma Po-po.

»Ai yo yo!« hatte die alte Frau eines Nachmittags erschrocken im Tempel für den Gott der Hölle gerufen.

Harte, kalte Augen in einem grünen Gesicht hatten sie angestarrt. Die alles durchdringenden Augen gehörten der hölzernen Statue von Panguan, dem obersten Richter der

Unterwelt, der ihr auf seiner großen Handfläche das Buch vom Leben und Tod hinhielt.

Ob Ma Po-po auf ihren Namen und ihre Sterbestunde gestarrt hat, die auf den Seiten des dicken Wälzers aufgeführt waren? Ob sie dort die Strafen angegeben sah, die sie für ihre lebenslangen Sünden erwarteten?

Rechts von Panguan war ein Teufel mit dem langen Gesicht eines Pferdes und links von ihm ein Dämon mit dem gedrungenen Kopf einer Kuh; Kobolde und Schreckgespenster rasselten mit Ketten und sprangen um ihre Knie herum.

Die Leute behaupteten, daß dies die letzten Bilder gewesen wären, die die alte Frau gesehen hat, bevor sie von unsichtbaren Klauen an den Fersen ergriffen und zu Boden gerissen wurde.

Ihr Sohn fand sie bewußtlos auf dem grauen Ziegelsteinboden vor den Statuen im Tempel. Hierher kamen die Einwohner von Xinmin, um ihre Opfergaben darzubringen, in der Hoffnung, die Herrscher der Unterwelt damit zu besänftigen.

Nachdem ihr Sohn sie nach Hause getragen und auf den Kang gesetzt hatte, rollte sich ihr welker Körper wie ein Fötus zusammen und blieb reglos so liegen. Heiler kamen und gaben ihr Medizin, und Zauberdoktoren hielten Gesänge ab, aber nichts konnte sie wecken. Ihre Augenlider und Lippen waren fest verschlossen.

Und so blieb sie bis zum Morgen des zwanzigsten Tages, an dem sie sich ganz unvermittelt aufrichtete, ihre trüben alten Augen verdrehte und flüsterte: »In hundert Tagen werde ich endgültig ein...«

Und allen, die ihre Worte hörten, wurden die Finger und Zehen starr, denn sie wußten, daß sie ein Dämon werden würde.

Von da an weigerte sich die alte Frau, mit ihrer Familie am Tisch zu essen; statt dessen aß sie mit untergeschlagenen Beinen auf dem Kang, mit einer dicken Decke über dem Kopf, der sie wie ein vulkanischer Berg bedeckte. Ihre leere Reisschale in den Händen, streckte sie ihre knochigen Arme unter der Decke hervor und krächzte: »Gebt uns noch mehr von dem Fraß!« Sie hatte einen Appetit wie ein Mann bei der Ernte auf dem Feld.

Jeden Abend nach dem Essen warf sich Ma Po-po vor dem offenen Fenster auf den Boden und betete den Mond an; in mondlosen Nächten huldigte sie den Sternen. Wenn die alte Frau ihre Gebete beendet hatte, schlüpfte sie – obwohl schon Eisschollen auf den Teichen trieben –, nur mit einem dünnen Baumwollgewand bekleidet, hinaus in die Nacht und kehrte mit völlig zerzausten, langen grauen Haaren erst beim ersten Hahnenschrei wieder zurück.

Man stellte einen Mann an, der ihr nachgehen sollte; ihre gebeugte Gestalt wurde in Tempeln und auf Friedhöfen gesehen, wo sie sich vor unsichtbaren Dingen niederwarf.

Ihre Familie fürchtete sich immer mehr vor ihr. Und wenn sich schon ihre eigene Familie fürchtete, kann man sich gut vorstellen, wie sich erst die Nachbarn gefürchtet haben.

Und wieder hörte man alte Männer erklären: »Wenn das Reich untergeht, werden sich Dämonen erheben. Hört auf mich: Wenn Herrscher stürzen, werden Dämonen fliegen.« Wenn die Leute diese Worte hörten, fielen sie in entsetztes Schweigen.

Das nächtliche Bellen der Hunde zerrte an den Nerven. Die Nachbarn zitterten unter ihren Decken, wenn sie den Mondschatten der alten Frau über ihre papierenen Fenster huschen sahen. Sie verschlossen ihre Türen.

»Wovon auch immer sie besessen ist, es muß aus ihrem Körper und aus unserem Haus vertrieben werden«, sagte ihr Sohn zu seiner Frau. Er besorgte die Zutaten für ein Zauberritual.

Er füllte eine große Reisschale mit Wasser und legte darum herum aus Papier geschnittene menschliche Figuren. In die Mitte der Schale wurde ein dickes Bündel Eßstäbchen gestellt.

»Jetzt habe ich mir diesen alten Dämon mit den Stäbchen geschnappt«, sagte der Sohn.

Er zündete ein Streichholz an und setzte den Ring aus Papiermenschen in Brand, dann warf er mit einer schnellen Bewegung des Hackmessers die Eßstäbchen durcheinander, so daß sie über die Tischplatte und auf den Boden rutschten.

Er rannte zur Schlafzimmertür und hackte mit dem Messer dreimal in die Türschwelle. Er lief zur Haustür und *tack! tack! tack!* durch das Haustor nach draußen und *tack! tack! tack!* mit aller Kraft in die Türschwelle.

Nachdem er den Dämon aus ihrem Haus verjagt hatte, wurde schnell die Haustür zugeschlagen, um das teuflische Wesen daran zu hindern, wieder hereinzukommen.

»Jetzt sind wir in Sicherheit«, verkündete der Sohn, wenn auch nur mit geringer Hoffnung.

Das Ritual zeigte keine Wirkung. Ma Po-po murmelte immer weiter vor sich hin: »Werde ich ein... Am hundertsten Tag werde ich es sein. Wartet nur, ihr werdet ja sehen: Dann werde ich große Macht besitzen...«

Ihre nächtlichen Wanderungen führten sie immer weiter und weiter von zu Hause fort. Ihr Appetit wurde immer größer, aber die Finger, die sie unter der Decke hervorstreckte, während sie »gebt uns mehr von dem Fraß!« schrie, blieben gelb und dünn.

»Wir können sie nicht behalten, aber wir werden sie auch nicht los«, sagte ihr Sohn. »Sie hat schon so gut wie alles verzehrt; bald wird sie an den Dachbalken nagen. Ach, was sollen wir nur tun?« Da sie nichts mehr hatten, packte die Familie ihre paar Sachen zusammen und verschwand leise, sehr leise aus der Stadt.

»Man kann sie doch nicht einfach frei herumlaufen lassen, jetzt, wo niemand mehr da ist, der auf sie aufpaßt«, sagten die Nachbarn.

Der Pöbel stürmte ihr Haus und band sie mit dicken Stricken an einer Bank fest.

Ein Zauberer kam mit einem langen wehenden Zauberbart, um das Böse zu verscheuchen, er bat daoistische Gottheiten um Schutz; er benutzte zinnoberrote Tinte, um okkulte Diagramme auf drei Streifen aus gelbem Papier zu malen, von denen er den einen über ihre Schuhsohlen, den zweiten auf ihre Schlafzimmertür und den dritten über den Rahmen der Haustür klebte.

»Die mystische Kraft der Schriftzeichen wird den Dämon davon abhalten, aus dem Haus zu gehen«, sagte er.

Dann ließ man sie ohne Essen und Trinken an der Bank angebunden zurück.

In jener Nacht heulten und winselten die Hunde besonders laut, aber niemand wagte es, nach draußen zu gehen. Es gab keinen Mond, der Schatten warf, was alles noch viel unheimlicher machte, denn sie konnten ihre Gegenwart riechen.

»Ich fürchte mich vor keinem von euch. Schon bald werde ich ein..., und dann werden wir ja sehen«, sagte Ma Po-po, als ihre Nachbarn sie am nächsten Tag im Schatten eines erhabenen alten Baums in ihrem Garten fanden.

Sie baten den Zauberer, doch noch einmal zu kommen, um seinen schützenden Zauber zu verbreiten, aber er fürchtete sich vor Ma Po-pos Macht, die immer größer wurde, und schob Geschäfte am anderen Ende der Stadt vor.

Da nahmen die Leute die Sache selbst in die Hand. Wieder zerrten sie die alte Frau zu der Bank und banden sie daran fest, aber diesmal zogen sie die beiden Enden des Seils durch die Löcher in zwei Mühlsteinen aus Granit. Es waren acht Männer nötig, um die Mühlsteine aus dem

Garten hochzuheben und sie auf die Ränder zu stellen, so daß sie rechts und links neben der Brust der alten Frau standen.

»Wenn Blauer Drache, der gute Geist der Mühlsteine, den Dämon nicht austreiben kann... nun, dann können wir nichts mehr tun«, sagten sie.

Und das war alles, was Baba an dem Tag, an dem die gütigen Kräfte des Blauen Drachen beschworen wurden, von dem vierten Onkel hörte.

Als am nächsten Abend im Osten Sternschnuppen über den Himmel zuckten, versammelten sich die Einwohner der Stadt, als wären sie einem stummen Ruf gefolgt. Aus den entfernten Winkeln der Stadt strömten sie zu dem Teil der Stadt, in dem Ma Po-po wohnte und der »Tempel gegenüber dem Tempel« hieß.

Baba und der vierte Onkel schlossen sich der schweigenden Menschenmenge an, die sich vor ihrem Tor versammelt hatte.

Der vierte Onkel schwang sein hochgeschätztes Schwert, das die Macht besitzen sollte, seinen Herrn vor Schaden zu bewahren. Es wurde das Schwert der sieben Sterne genannt, denn seine Klinge war mit sieben Sternen verziert.

Mit vereintem Mut, der so groß war wie eine einzelne Erbse, schob sich ein Haufen Männer und Jungen in das verdunkelte Haus. Ein eisiger Lichtstrahl des Mondes fiel durch ein Fenster und erhellte den Flur; Baba sah die reglose Gestalt der alten Frau mit dem Gesicht nach oben auf der Bank liegen.

Hatte der Blaue Drache den bösen Geist mitsamt der Frau vernichtet?

Niemand sagte etwas, starr wie Statuen standen sie da. Jeder glaubte, daß die anderen sein Herz klopfen hören müßten, aber jeder hörte nur sein eigenes Herz klopfen.

»Ich fürchte mich vor niemandem«, sagte die alte Frau
ganz plötzlich mit kleiner brüchiger Stimme. Die Männer
und Jungen fuhren erschrocken zurück.

»Ihr sollt alle wissen, daß heute der neunundneunzigste
Tag ist.«

Darauf folgte entsetztes Schweigen. Als die Männer
merkten, daß sie sich nicht auf sie stürzte, schämten sie
sich, weil sie Angst gezeigt hatten. Ein paar von ihnen
schlichen sich weiter nach vorn.

Der vierte Onkel nahm das Schwert der sieben Sterne
und klopfte mit der flachen Seite der kalten Klinge an die
Stirn der alten Frau. Die Sterne glitzerten bläulich im

Mondlicht. Ma Po-po gab keinen Ton von sich, aber Baba fühlte, daß der Arm des vierten Onkels noch mehr zitterte als sein eigener.

Krrrck! Der Geruch von Schwefel. Ein Mann hatte ein Streichholz angezündet. »Mach deinen Mund auf, du alter Dämon!« sagte er.

Die Frau gehorchte wie ein Kind. Der Mann warf das brennende Streichholz in ihren weit geöffneten Mund.

»Da, sag mir, was das ist!« forderte der Mann.

Baba hörte das knackende Geräusch, als die alte Frau mit ihren paar restlichen Zähnen auf das Streichholz biß.

»Nun, mach schon – sag mir, was das ist!«

»Ha ha! Was das ist? Was das ist? Ich werde dir sagen, was das ist! Das ist der Stiel einer ganz tollen Birne«, sagte die alte Frau und schmatzte laut mit den Lippen.

Wie auf ein Stichwort stürmte die mutige Versammlung – Baba und der vierte Onkel mit ihnen – wie ein vielbeiniges wildes Tier in einem dichten Haufen aus dem Flur.

Als diejenigen, die ängstlich vor dem Gartentor gehockt und gewartet hatten, das schnelle *Tap-tap-tap* flüchtender Schritte hörten, liefen sie eilig davon.

Vierzehn Tage lang wagte niemand, das Haus zu betreten.

Baba und der vierte Onkel sind auch nicht wieder hingegangen – niemals –, aber wie sie hörten, waren ein paar mutige Seelen aus Ma Po-pos Nachbarschaft schließlich, von Neugier geplagt, ins Haus gekrochen.

Im Flur war es so still, daß man die Mücken in den Spinnweben zu hören glaubte.

Was war mit Ma Po-po geschehen? Bestimmt war sie verhungert und verdurstet.

Als sich die Augen der Leute an das düstere Licht gewöhnt hatten, stellten sie fest, daß die Stricke, mit denen die alte Frau angebunden gewesen war, ordentlich zusammengerollt auf dem Boden lagen. An der Stelle, wo zuvor ihre Füße auf der Bank geruht hatten, standen nur noch ein Paar schmutzige bestickte Schuhe, sonst nichts.

»Der Sohn muß zurückgekommen sein und die Leiche beerdigt haben«, sagte jemand mit zittriger Stimme. »Bestimmt liegt sie jetzt schon bei den Regenwürmern.«

»Ja, ja, natürlich. Das... das muß der Grund für ihr Verschwinden sein«, sagten sie alle und nickten einander eifrig zu.

»Aber kann mir vielleicht mal jemand sagen, wo die Mühlsteine geblieben sind?« fragte jemand.

Sie durchsuchten das ganze Haus und den Garten, aber die klobigen Steine waren nirgends zu finden.

Im darauffolgenden Jahr, im Herbst 1945, erlebte das Volk von Xinmin den Sturz des japanischen Marionettenstaats Manchukuo, und sie waren von Freude, Neugier und – nicht zuletzt – von Angst erfüllt.

Qingyun

 In dem ungewissen Winter nach der Kapitulation der Japaner reiste mein Vater aufs Land nach Zhoutuozi, um die Familie seines dritten Onkels zu besuchen.

Eines Morgens wurde er von groben Händen wachgerüttelt.

»Neffe! Nummer vier!« hörte Baba. »Aufstehen! Ich habe in der Nacht ein Zeichen gesehen!« Als Baba seine bleischweren Lider aufriß, sah er den dritten Onkel aufgeregt im Zimmer auf und ab gehen. Im Osten zog der schwache Schein der Dämmerung herauf.

»Ich hatte einen Traum«, sagte sein Onkel zu ihm. »In meinem Traum stieg eine schöne Frau, in Seide und Schatten aus Rauch gehüllt und mit einer Schatztruhe aus Mahagoniholz in den Armen, vom Himmel. Sie hielt mir die Truhe hin, und als der Deckel aufsprang, flatterten sechsunddreißig karmesinrote Fledermäuse heraus. Ihre schrillen Schreie bohrten sich durch die Hülle meines Traums.

›Hmm... das muß ein Zeichen sein – Fledermäuse bedeuten Glück‹, dachte ich und streifte die Decke ab. ›Die Kurtisane Qingyun – Blaue Wolke – ist gekommen, um mir Glück zu bringen.‹«

Der dritte Onkel blieb plötzlich stehen und stellte sich vor Baba.

»Neffe«, sagte er, »ich lasse dich heute beim *huahui* auf

diese bezaubernde Frau eine Wette abschließen. Ich werde bei der Lotterie eine hohe Summe aufs Spiel setzen – höher als alles, was sie je gesehen haben. Ich werde ihnen ein bißchen Angst einjagen, diesen Leuten von der ›schwarzen Gesellschaft‹. Und wenn ich gewinne – ah! um so besser; dann werde ich ihre Bank sprengen.«

Der dritte Onkel war kein Spieler, aber dieser kühnen, beeindruckenden Geste konnte er einfach nicht widerstehen; als frisch gewählter Magistrat des Bezirks Zhoutuo wollte er unbedingt seine Macht demonstrieren.

»Jetzt, wo die Japaner weg sind und die chinesische Regierung gerade anfängt, sich auf eigene Füße zu stellen«, fuhr er fort, als würde er mit sich selbst reden, »nehmen sich diese Strolche von der Lotterie mächtig große Freiheiten heraus. Ihr großspuriges Benehmen ist nicht mehr zu bremsen.«

Der dritte Onkel setzte sich an den Tisch. »Qingyun«, schrieb er auf ein Stück rotes Papier, das er zu einem kleinen Quadrat zusammenfaltete und dann in den Metallbehälter einer leeren Patrone steckte.

Dann schob er noch einen schmalen Papierstreifen hinein. Auf dem Ende, das aus der Patrone ragte, stand die phantastische Summe von »einhundert Yuan«, gefolgt von seinem Namen: »Yang der Unbestechliche«. Danach schloß er den Deckel, so daß der Papierstreifen eingeklemmt war.

Nachdem er das alles getan hatte, gab er Baba die verschlossene Patrone und eine Geldrolle.

»Lauf schnell damit zur Lotterie – wenn ich mich nicht irre, ist sie heute im Haus von Li«, sagte er.

Als die Japaner 1931 in die Mandschurei gekommen waren, hatten sie das große Geschäft der Wettspiele verboten und waren streng gegen die »schwarzen Gesellschaften« vorgegangen; sie wußten, daß die einflußreiche Unterwelt ihren Umsturz planen würde. (Kleine, private

Spiele wie *piajiu* – Domino – und *mah-jongg* ließen sie un-angetastet.) Aber seit die Japaner weg waren, schossen die Wettbüros wie Pilze aus dem Boden; und vor allem in einer wirtschaftlich unstabilen Zeit wie dieser war zu erwarten, daß sich viele des Lotteriespiels annehmen und ihre Hoffnungen darauf setzen würden, ganz schnell ein Vermögen zu machen.

Im Osten standen noch ein paar kalte Sterne am Himmel, als Baba auf den Rücken eines kleinen Esels stieg. »Trrr, trrr!« rief er, um das Tier voranzutreiben, aber es stolperte und kniete sich in die Furchen, die unter dem Schnee verborgen waren, und Baba rutschte kopfüber am Hals des Tieres herunter.

Da ein frisches weißes Tuch aus Schnee alle Wegspuren verwischt hatte, lenkte Baba den Esel zu einem entfernten kahlen Pappelhain, über dem dünne Rauchfäden aufstiegen.

An der Straße zum Haus von Li stand eine lange Reihe Pferdekarren und Wagen; viele waren aus benachbarten Dörfern gekommen, um ihre Wetten abzuschließen. Viele waren zu Fuß unterwegs. An diesem Tag durfte man über zweihundert erwarten, denn es war kurz vor dem Neujahrsfest des Mondes – eine Zeit der Ruhe, in der sich die Leute zusammensetzten, um Melonensamen zu knacken und sich Geschichten zu erzählen.

Baba band seinen Esel an einen Zaunpfahl und ging zu dem Haus mit dem sanft geschwungenen Dach, das die Form eines dicken Brotlaibs hatte, wie es für die Mandschurei typisch war. Er ging an zwei stämmigen Bauern mit Gewehren vorbei, die an der Haustür Wache hielten. Die Japaner hatten auch die Schußwaffen verboten gehabt, aber jetzt hatte man die Gewehre wieder aus ihren Verstecken hervorgeholt.

Nachdem Baba durch den Eingang ins Haus gegangen war, hüllte die Wärme seinen Körper ein; er spürte, wie seine Lippen kribbelten, als sie aufzutauen begannen; er betrat die Küche mit ihren vier großen Herden. Gelächter, Stimmengewirr und Tabakrauch schlugen ihm an der Tür entgegen. Baba ging in den linken Flügel des Hauses. Die Wände, die die anschließenden Zimmer voneinander trennten, waren herausgenommen worden, und Baba befand sich jetzt in einer großen rechteckigen Halle.

In der Halle drängten sich Bauern in ihren dick gepolsterten Jacken. Sie ruckten mit den Köpfen hin und her und gestikulierten mit den Händen, während sie sich lebhaft unterhielten. Da waren Männer mit vom Tee dunkel gefärbten Zähnen, alte Väterchen ohne Zähne, Matronen, die lange Pfeifen rauchten, Bauernmädchen mit aufgesprungenen roten Bäckchen, die gekommen waren, um ihre mageren Löhne, die sie sich im vergangenen Sommer mit dem Verlesen von Sojabohnen verdient hatten, aufs Spiel zu setzen. Aber eine große Anzahl dieser krustigen, verwitterten Gesichter gehörte professionellen Spielern – Männern, die für einen Gewinn von einem Prozent Wetten für andere abschlossen.

Die Spieler saßen an der nördlichen und südlichen Wand auf einem Kang, fast jeder verfügbare Platz war besetzt. Andere saßen auf Bänken, die extra dazwischen aufgestellt worden waren.

Huahui war ein Spiel, das auf dem Land in jeder Gesellschaftsschicht gespielt wurde: Es hatte seine Finger in den mit Seide gesäumten Taschen der Reichen genauso wie in den Taschen der Armen, in denen nur ein paar Kupfermünzen waren; die Männer, die *huahui* spielten, brachten das Geld ein wie die Bauern ihre Erdnüsse; man brauchte nur einmal an den Ranken zu ziehen, und schon hatte man alle Hülsen geerntet, die großen und die kleinen, die, durch Fasern miteinander verbunden, im Boden wuchsen. Jetzt war Baba an der Reihe, um die Wette des dritten Onkels eintragen zu lassen.

Als er sich dem kurzen Tisch näherte, der an dem Kang an der Nordseite stand, hörte er, wie ein Mann etwas über ihn sagte: »Dieser Junge da vorn ist der Enkel des großen Landbesitzers und der Neffe des Magistrats, der gerade aus der Stadt gekommen ist.«

Für den siebzehnjährigen Baba hatten gerade die Winterferien seines ersten Jahrs am Polytechnikum in Shenyang begonnen. Vor ihm lagen viele schöne Tage, in denen er das Land erkunden wollte. Er war fröhlich und erregt, hier bei den Dorfbewohnern zu sein, und liebte nichts mehr, als an den langen Abenden ihren Geistergeschichten zu lauschen.

Hinter dem Tisch saß ein Mann mit einem schmalen zerbrechlichen Gesicht und einer Brille, der die Namen der Spieler und die Höhe ihrer Einsätze aufschrieb. Seine dicke Brille drückte sich tief in seine Nase, während er in dem Hauptbuch blätterte. Das war der alte Li, der Aufseher.

Er sieht wie ein blindes Tier mit einer Schnauze aus, das im Unterholz wühlte, dachte Baba.

Links von ihm saßen zwei gut genährte Männer mit fettiger Haut, die ihre Daumen leckten, um die Geldscheine, die vor ihnen auf den Tisch gelegt wurden, besser zählen zu können. Das Klirren der Münzen, das harte *Klick-klack* des Abakus war eine so berauschende Musik für sie, daß sie kaum von ihrer Arbeit aufblickten. Auf dem Tisch lagen eine Menge Patronen wie die, die Baba in der Hand hielt, und eine Reihe anderer Dinge: fest gefaltete Papierstücke, auf denen Wetten standen, mit dem Namen des Spielers und der Summe, die er setzen wollte, auf der Außenseite des Zettels.

Als Baba die verschlossene Patrone seines dritten Onkels auf den Tisch legte und vorsichtig den dicken Stoß Geldscheine dicht daneben schob, sah der alte Li zu ihm hoch; durch seine Brille kam das Erstaunen in seinen Au-

160

gen noch stärker zum Ausdruck, aber er bemühte sich sofort, es zu vertuschen. Er lächelte und enthüllte dabei seine Zähne.

Ein paar Schritte vom Tisch entfernt, quetschte sich Baba zwischen die anderen auf den Kang, um von dort aus die Ereignisse zu beobachten.

Hinter den drei Männern stand der Altar für den Gott der Wohlhabenheit. Mit seinen stillen Buddhaaugen sah er hinunter auf die Menschen, als könnte er ihnen allen tief ins Herz sehen. Der alte Li zündete die Räucherstäbchen und die Kerzen beim Altar an; er betete um die Sicherheit des Hauses.

Und so waren die Regeln beim *huahui:*

Aus sechsunddreißig Namen – Personen aus der Geschichte, den Legenden und dem überlieferten Wissen – wurden von dem Hausherrn drei nach Lust und Laune ausgewählt. Bei Bekanntgabe der drei Namen wurde sorgfältig darauf geachtet, wie die Versammelten darauf reagierten: Die einfachen Leute verrieten sich leicht in ihrer Erregung. Manche spielten mit ihren Pfeifen, andere zuckten mit den Knien; die meisten bemühten sich vergeblich, gelassen auszusehen. Aber den aufmerksamen »Augen« – dem Dutzend Dorfbewohner, die es nie zu etwas brachten und die die Aufgabe hatten, nach Zeichen innerer Unruhe zu forschen, während ihre dunklen Gestalten wie Geistererscheinungen durch die versammelte Menge glitten – blieb nichts verborgen: Jedes Anzeichen von Nervosität wurde sofort dem alten Li und seinen beiden Helfershelfern mit leiser, flüsternder Stimme gemeldet.

Die drei ausgewählten Namen mußten mit Tinte auf ein rotes Stück Papier geschrieben werden, das neben den Altar gelegt wurde.

Von diesen drei Namen würde einer gewählt werden – und zwar der Name, der bei der Versammlung am wenigsten Unruhe ausgelöst hatte. Am Ende des Tages gingen alle, die ihr Geld auf diesen speziellen Namen gesetzt hatten, glücklich und zufrieden mit sechsunddreißigmal so viel Geld nach Hause, wie sie eingesetzt hatten.

Daher schwebte über den Köpfen der drei Männer, die das Spiel machten, eine dunkle Drohung, die Riesensumme von sechsunddreißig mal hundert Yuan zu verlieren. Die »Augen« waren angewiesen, Baba genauestens zu beobachten.

Bumm! Bumm! Bumm! Die Papierfenster und die Dachsparren bebten. Draußen waren von den Wachen drei Schüsse in die Luft gefeuert worden, um die Versammlung zum Schweigen zu bringen. Die plötzlichen Explosionen sollten angeblich Dämonen fernhalten, aber in Wirklichkeit sollten sie die versammelten Menschen einschüchtern – um ihre Nerven noch stärker zu reizen, so daß das kleinste Zucken besser zu erkennen und jedes unterdrückte Murmeln besser zu hören war. Als wäre plötzlich eine elektrische Lampe ausgeknipst worden, so still war es jetzt in der Halle, eine lähmende Stille legte sich über den Raum, und niemand wagte zu sprechen; nur die Raucher zogen weiter an ihren Pfeifen. Ab jetzt konnten keine Wetten mehr abgeschlossen werden.

»Nummer eins!« rief der alte Li. »Qingyun die Verführerin!«

Die Männer hinter dem Tisch beobachteten Baba scharf. Ein plötzlicher Windstoß brachte die Kerzen auf dem Altar zum Flackern und ließ die Flammen in die Höhe schnellen. Babas glattes, bartloses junges Gesicht verriet nichts.

Eine ganze Weile betrachteten die Männer, die das Spiel leiteten, das Meer von Gesichtern, sogen die Luft ein, um die Angst zu riechen, verlängerten ihre Antennen, um unterdrückte Vibrationen aufzufangen. Ihre Augen suchten die hintersten Ecken ab, denn sie wußten, daß all jene, die am weitesten vom Tisch entfernt saßen, die

162

schüchternsten unter den Spielern waren, die ihre Gefühle am ehesten verrieten.

»Nummer zwei! Wu Song der Tigertöter«, erklärte der alte Li mit blutlosem, unnachsichtigem Gesicht.

Baba saß auf dem Kang und bewunderte die Neujahrsdrucke. »Wie bunt und heiter sie sind«, dachte er. »Wenn ich könnte, würde ich gern etwas in solchen Farben malen.«

Er verspürte keine Erregung, schließlich war es nicht sein Geld, das hier verwettet wurde.

Wieder die langen forschenden Blicke. Man hätte ein Reiskorn über den Boden rollen hören, so still war es. Für alle, die ihr Geld auf den Tigertöter gesetzt hatten, waren es zwei Ewigkeiten.

»Nummer drei! Der listenreiche Affenkönig!«

Babas Augen sahen jetzt zu den wunderlichen Papierschnitten, die an das Fenster geklebt waren. Eine ganze Menagerie von Tieren auf dem Bauernhof – Hunde, Gänse, Hühner, Esel, Säue und Ferkel – tanzte in Scharen lärmend über die Fensterbank; ja, und sogar ein kleines Kalb, das huckepack auf der Papakuh ritt.

Ein Mann biß sich auf die Knöchel. Ein anderer zog immer schneller an seiner Pfeife und hüllte sich in dicken Rauch ein.

Der alte Li und seine beiden Kumpane steckten die Köpfe zusammen, so daß sie fast zusammenstießen, und flüsterten miteinander, verglichen ihre Aufzeichnungen, berieten sich: »Nun, wie sieht es aus? Welches von den dreien wird es sein?«

Wenn in diesem Augenblick jemand in die Halle gekommen wäre, hätte er einen leisen unterdrückten Laut gehört. Es stand viel auf dem Spiel.

Die Männer und Frauen ließen sich ausgiebig Zeit, die Figur zu wählen, die Reichtum verhieß.

Ein paar von den Dorfbewohnern formten sechsunddreißig Klöße, von denen jeder einen der sechsunddreißig Namen enthielt. Mit einer gestohlenen – nicht geliehenen – Reisschöpfkelle, die einer Witwe gehörte (aus dem Haus von Babas verwitweter fünfter Tante verschwanden während ihres Lebens unzählige Reisschöpfkellen), wurde der erste Kloß, der in dem Topf mit kochendem Wasser an die Oberfläche gelangte, herausgeschöpft und sein Geheimnis erkundet.

Aber es gab auch noch andere Methoden: Wer Geschmack am Makaberen hatte, begab sich unter dem Mantel der Nacht auf Friedhöfe und warf sechsunddreißig Papierschnitzel, jedes Stück mit einem anderen Namen darauf, in eines der Löcher, die von Füchsen in Grabhügel gegraben worden waren. Mit einem Holzrechen wurde dann ein einzelner Papierschnitzel herausgeangelt, der den verheißungsvollen Namen enthüllen würde.

Die Männer, die das Spiel durchführten, hielten ihre kunstvollen Zeremonien schrecklich geheim, um gegen die Gebete und Zauberformeln der Dorfbewohner gefeit zu sein, aber gelegentlich griff man in den skrupelloseren Wettspielhäusern zu dramatischen Mitteln, um das Ergebnis zu beeinflussen. Bevor sich beim *huahui* das Publikum versammelte, wurde dann etwa einer der Gehilfen vom Aufseher gescholten: »Ich habe dir schon das letzte Mal gesagt, du blöde Pflaume, daß du niemals den Affenkönig aufrufen sollst! Das bringt kein Glück!« Und mit einem Schlag an den Kopf der »dummen Pflaume« würde er seinen Standpunkt unterstreichen.

Bei der nächsten Zusammenkunft würde dann niemand mehr daran denken, auch nur ein einziges Kupferstück auf den Affenkönig zu setzen, aber natürlich würde es am Ende der Affenkönig sein, der gewählt worden war.

Es schienen Stunden zu vergehen, bis das Trio am Tisch endlich fertig war und sich der alte Li an die wartende Menschenmenge wandte.

Der süße Duft der Räucherstäbchen lag ungewöhnlich schwer in der Luft. Man hörte eine Elster kreischen und von weit entfernt die Rufe von Kindern. Die Versammlung schien zu einem Wesen vereint, obwohl jeder in seinen eigenen Wünschen gefangen war.

»Qiiingyuuuun die Verführerin!« rief der alte Li gedehnt und ließ krachend einen Holzklotz fallen, um die Entscheidung zu bekräftigen.

Die Spannung legte sich. Seufzer und Ausrufe zerrissen die Luft, als wieder Lärm und Getöse in die Halle zurückkehrten.

Baba verspürte Freude und Belustigung: Er hatte dem dritten Onkel geholfen, sechsunddreißig mal hundert Yuan zu gewinnen – für die Leute vom Land eine astronomische Summe. Er blieb ruhig sitzen und beobachtete weiter, was in der Halle vor sich ging.

Die Dorfbewohner, die von dem Kang und den Bänken aufstanden, streckten sich und klopften sich den Staub aus den Kleidern. Sie schüttelten den Kopf, versprachen, das nächste Mal als reiche Männer nach Hause zu gehen. »Mein Tag ist noch nicht gekommen!« sagte einer der Männer.

Eine schwatzende, aufgeregte Menge belagerte den Tisch, um die Gewinne abzuholen.

»Ich werde mir ein paar Meter von dem Stoff mit dem Blumenmuster holen, den ich mir so gewünscht habe«, sagte ein Mädchen und wurde rot wie eine Pfingstrose.

»Das wird ein wundervolles Frühlingsfest – mit Fleisch in den Töpfen anstatt dem vielen Kohl«, sagte ein alter Mann. »Vielleicht kaufe ich meiner Frau ein Mundstück aus Jade für ihre Pfeife.«

»Nein, ich kaufe keinen Tand«, sagte ein anderer. »Ich werde mir ein Gewehr zulegen, jetzt, wo ich mir eins leisten kann. Ich brauch' eins, jetzt, mit all den Unruhen auf dem Land, und, wie ich hörte, auch oben im Norden. Ich sage euch, ich habe ein richtig häßliches Gefühl in den Knochen, wenn ich daran denke, was auf uns zukommt... Ich weiß nicht, was ich erwarten soll, aber bestimmt nichts Gutes.«

Als sich das dichte Menschenknäuel am Tisch lichtete, kam Baba mit ruhigen Schritten näher. Der alte Li rückte unbehaglich hin und her. Die andern am Tisch blickten von ihren Büchern auf.

»Nun, junger Mann, wie geht es dem Magistrat?« schnaufte der alte Li.

»*Beng le* – die Kugel ist geplatzt«, erwiderte Baba.

Das Rasseln des Abakus verstummte. Einen erstaunten Augenblick lang rührte sich niemand. Nur die Schatten der Kerzen fielen über den Altar. Der Gott des Wohlstands schien mit den Augen zu zwinkern.

Der alte Li schluckte. »*B-b-beng le?*« stammelte er. Er brach die Patrone auf, die der dritte Onkel so sorgfältig verschlossen hatte, und nahm den roten Papierstreifen heraus.

»Qingyun«, las er, nachdem ihn seine zitternden Hände auseinandergefaltet hatten. Es gab keinen Zweifel daran, was dort geschrieben stand.

Ein leises Stöhnen entwich seiner Brust, wie man es noch nie in dieser Halle gehört hatte. Die andern beiden am Tisch starrten Baba stumm an, ihre Gesichter angespannt und blaß.

Jemand sagte mit lauter Stimme: »Das bestätigt mal wieder das Sprichwort: ›Stadtkinder und Landhunde sind zu schlau, um sich übers Ohr hauen zu lassen.‹«

Der alte Li knöpfte den Kragen seiner Seidenjacke auf und starrte über seine beschlagenen Brillengläser auf Baba. Nachdem er seine Stimme endlich wiedergefunden hatte, sagte er: »Du machst dich jetzt besser auf den Heimweg. Es hat keinen Sinn, heute noch lange hier zu warten.« Seine Stimme war sanft, aber beunruhigend. »Du wirst verstehen, daß wir nicht soviel Geld bei uns haben. Bitte, sag dem Magistrat, daß ich ihm gleich morgen früh meinen Besuch abstatten werde.«

Baba verließ das raucherfüllte Haus. Die Sonne stand hoch am kobaltblauen Himmel, und die Eiszapfen unter dem Dach hatten zu schmelzen begonnen. Er holte tief Luft. Die Männer und Frauen, die nach draußen strömten, starrten ihn voller Bewunderung an.

»Also, gegen den hätte ich nichts als Schwiegersohn«, sagte eine Frau. »Eine so große Summe aufs Spiel zu setzen! Und dieser Junge saß direkt vor ihrer Nase und hat keine Miene verzogen.« Die Leute aus dem Dorf schüttelten den Kopf und schnalzten mit der Zunge und murmelten: »Stadtkinder... zu schlau, zu schlau.«

Baba trottete auf dem kleinen Esel nach Hause. Die glatten Schneefelder hatten sich unter der Sonne gewölbt.

An den meisten anderen Tagen hätte der dritte Onkel, der Magistrat, mit einer Pistole unter der Weste auf seinem weißen Pferd seine täglichen Runden gemacht, von zwei mit Gewehren bewaffneten Leibwächtern auf schwarzen Mauleseln flankiert. Aber heute ging er mit kraftvollen Schritten in seinem Arbeitszimmer auf und ab, als Baba zurückkam. Seine Augen glitzerten vor Stolz und Ehrgeiz, was sich auch in seiner Stimme ausdrückte.

»Ja, ja, du brauchst es mir gar nicht zu sagen«, sagte er mit einer brüsken Bewegung seiner dicken Hände zu Baba. »Die gute Nachricht ist dir vorausgeeilt. Sie haben alle schon von meinem Sieg über diesen Nichtsnutz gehört. Ich wußte, daß es heute ein sehr befriedigender Tag werden würde. Ich freue mich schon darauf, zu sehen, wie sie die Schwänze einziehen.« Auf seinem geröteten runden Gesicht lag ein Lächeln.

Am nächsten Morgen, gleich nach dem Frühstück, traf der alte Li mit zwei Pferdekarren ein, die mit schwarzen Bohnen beladen waren, deren Wert weit geringer war als die sechsunddreißig mal hundert Yuan, die der dritte Onkel gewonnen hatte; aber es war die Geste, die zählte – ein Zeichen der Einwilligung, das Eingeständnis der Niederlage.

Der alte Li wartete draußen vor dem Tor auf Babas dritten Onkel, er hielt seinen Hut in den Händen, seine Schultern waren leicht gebeugt.

Mit langen, großen Schritten ging der dritte Onkel zu ihm hin.

Er klopfte ihm auf die Schultern und sagte:

»Ja, ja, mein guter alter Li, das geht schon in Ordnung so. Das ist völlig in Ordnung.«

Dem dritten Onkel ging es nicht um das Geld, ihm war nur daran gelegen gewesen, seine Muskeln spielen zu lassen. Und er war so sehr mit dem Gefühl seiner eigenen Macht beschäftigt, daß er den Haß, der in den Augen des anderen Mannes loderte, gar nicht bemerkte.

Der alte Li verbeugte sich und lächelte und verbeugte sich wieder, aber als sich der dritte Onkel umgedreht hatte, um wieder ins Haus zu gehen, hörte Baba den alten Li mit leiser Stimme sprechen, daß es ihm kalt den Rücken herunterlief: »Wartet nur ab, Euer Ehren... Wer lange genug spielt, verliert am Ende immer.«

Jahre später führte der alte Li unter dem Banner von Männern, die behaupteten, die Stimme des Volkes zu sein, die Bauern an und plünderte mit ihnen das Haus und den Getreidespeicher des dritten Onkels aus; der dritte Onkel verlor drei Zehen am rechten Fuß, als er durch Schnee und Eis vor dem Pöbel flüchtete. Später, in einem Arbeitslager, verlor er auch sein Leben.

Aber von diesen Ereignissen, die in drohender Zukunft lagen, hatte weder mein Vater noch der dritte Onkel oder der alte Li – und übrigens auch sonst niemand – etwas ahnen können in jenem ungewissen Winter, der dem Sieg über die Japaner folgte.

Der Stehaufmann

»Ja, Nummer vier«, sagte Onkel Zhao, ein bezahlter Gehilfe, mit einem Seufzer zu meinem Vater. »Die Welt verändert sich schnell, zu schnell. Eine Menge davon verstehe ich nicht... Aber ich weiß, daß es für mich Zeit wird, auch ein paar Veränderungen vorzunehmen.«

Im Winter 1945/46, nach dem Sieg über die Japaner, dachten viele wie er.

Onkel Zhao war jetzt schon über dreizehn Jahre im Haus der Yang. Sein Auftauchen im Herbst 1932, als Baba gerade drei Jahre alt war, war den Japanern zu verdanken, die 1931 gekommen waren.

Der notorische »Bauernfänger« und seine Handlanger machten damals für ihre neuen Herren, die Japaner, unbarmherzig Jagd auf Banditen. Die Japaner unternahmen alles, um die räuberischen Rotbärte auf dem Land auszurotten.

Wenn der Bauernfänger und seine Männer ihre Beute gestellt hatten, zogen sie ihr bei lebendigem Leib die Haut ab und hängten sie dann neben der Straße, wie Wäsche zum Trocknen, an einen Baum.

Zhao, ein ungeschickter Rotbart aus der Gegend von Shantuozi, stürzte von seinem Pferd, als der Bauernfänger und seine Männer Jagd auf ihn machten; sie schaufelten ihn aus dem Staub wie ein verängstigtes Kaninchen.

»Ich wurde von den Banditen entführt«, sagte er zu seinen Fängern (wie man sieht, funktionierte sein Kopf besser als sein Körper).

»Du siehst wirklich nicht aus wie ein Rotbart«, sagte der Bauernfänger, während er das unscheinbare Gesicht des Mannes vor sich betrachtete. Dann beschloß er, an diesem Tag sein Messer an Zhaos Fell nicht stumpf zu machen, und ließ ihn statt dessen in das Bezirksgefängnis von Xinmin werfen.

Die Nachricht von Zhaos peinlicher Lage erreichte seine Schwester. Sie fuhr von Shantuozi nach Xinmin. Dort bat sie im Haus der Yang den Patriarchen, für ihren Bruder ein gutes Wort einzulegen, weil sie glaubte, daß sich der einflußreiche alte Mann, der in Shantuozi geboren und groß geworden war, für jemanden einsetzen würde, der aus seiner alten Heimat stammte.

Nachdem der Patriarch mit den Behörden geredet hatte und sich für das künftige Wohlverhalten des Mannes verbürgt hatte, wurde Zhao entlassen. Da Zhao, der frühere Bandit, aber nicht wußte, wo er nun hin sollte, bat er, bei der Familie Yang bleiben zu dürfen. Er wurde zum Verwalter der nördlichen und südlichen Gärten gemacht.

Aber mein Vater lernte »Onkel Zhao« erst mit elf Jahren kennen, als er von Beiping in die Mandschurei zurückkehrte.

Groß und stark, schwerfällig, aber freundlich, war er ein Mann, der nicht viele Worte machte. Baba hörte ihn nie aus vollem Halse lachen, nur gelegentlich sah er ein Lächeln auf seinen Lippen.

»Großer Onkel Zhao, ich habe Hunger«, pflegte Baba ihm immer zuzurufen, wenn er von der Schule nach Hause kam. »Hilfst du mir wohl, eine Aubergine zu suchen, die ich essen kann?« Onkel Zhao erlaubte es den Kindern nie, die Birnen mit ihren Fingernägeln anzukratzen, um nachzuprüfen, ob die glänzenden, grünen mandschurischen Früchte schon reif genug waren. Er wußte auch so, welche am süßesten waren.

Und genausowenig erlaubte er der alten Frau Lu, ihre Hühner und Enten frei herumlaufen zu lassen, sammelte aber geduldig ganze Töpfe voller Schmetterlingslarven für ihre hungrige Schar.

»Zeit zum Essen, Onkel Zhao!« mußte Baba oft rufen, wenn er sich bis spät am Abend über die Kohlköpfe beugte; weil er sonst nie aufgehört hätte, im Garten zu arbeiten, nicht einmal, wenn es schon dunkel war.

Baba war ein häufiger Gast in dem Raum neben der Mühle, in dem Onkel Zhao und ein anderer Gehilfe, der Yu hieß, wohnten. Diese Zufluchtsstätte, in der es nach Mehl und Heu roch, diente ihm oft als Versteck vor den Erwachsenen, wenn sie ihm wieder mal Prügel angedroht hatten – weil er Tauben gezüchtet hatte, weil er über das Dach gelaufen war.

Hier konnte er die großen *wula*-Schuhe von Onkel Zhao anprobieren, die so hießen, weil das Leder mit *wula*-Gras ausgestopft war, das nur in den mandschurischen Grasebenen wuchs und die Füße im Winter besonders warm und trocken hielt.

»He, du, Nummer vier«, sagte Onkel Zhao dann zu Baba und schüttelte ärgerlich den Kopf. »Hattest du etwa wieder meine *wulas* in den Fingern? Jetzt kann ich sie deinetwegen neu ausstopfen, damit sie wieder richtig sitzen.«

Aber etwas ganz Besonderes war es für Baba, wenn Onkel Zhao in eine seiner seltenen gesprächigen Launen geriet und von seiner Vergangenheit erzählte.

»Wir ärmeren Jungen haben immer davon geträumt, uns aus all diesem Elend zu ziehen, aus all diesem Schmutz. Viele von uns haben sich den Rotbärten angeschlossen – ich war achtzehn, als ich zu ihnen ging –, weil wir glaubten, daß wir dann unser hartes Leben auf dem Land hinter uns lassen könnten. Vielleicht haben wir zu fest an die Krieger aus den Legenden und der Geschichte geglaubt – Bettler, aus denen Kaiser geworden sind«, sagte er, während er mit untergeschlagenen Beinen auf dem Kang saß und die Schilfmatten flickte, auf denen er schlief.

»Ich war ein Waisenkind und wußte nur das eine: daß ich blankpolierte Reitstiefel tragen wollte und eines Tages auch als ein großer Mann beim Militär ein Schwert. Und ich glaubte, wenn ich mich den Rotbärten anschloß, hätte ich eine Chance.«

»Wieso denn das?« fragte Baba, während er sich auf den beheizten Kang fallen ließ, um zwischen Onkel Zhao und Yu, seinem Zimmergenossen, sitzen zu können.

»Nun, wenn eine Gruppe Banditen groß genug war und ein großes Gebiet unter Kontrolle hatte, wurde sie von der Regierung dafür belohnt, indem man sie ermunterte, in die Armee zu gehen und dort eine neue Division zu bilden.

Aber dann war ich schon zehn Jahre bei den Rotbärten und meinem Traum noch kein Stück näher gekommen: Unsere kleine Truppe ritt noch immer durch die Gegend und fiel wie gelbe Wiesel über die Dörfer her. Wenn wir mächtig genug gewesen wären, hätten uns die Leute von selbst ihr Getreide und ihre Schätze gebracht, genauso wie sie den Tempelgöttern Opfergaben bringen.

Und ich selbst hatte es in den zehn Jahren noch nicht viel weiter gebracht als bis zum Stallknecht und Ausguck, der bei den Festessen immer als letzter was kriegte. Schätze, ich war zu ungeschickt... kriegte einfach nichts zustande... bin immer vom Pferd gefallen.«

»Lao Zhao – alter Zhao«, sagte Yu und kratzte sich am Kopf. Er sah seinen Freund unter den schlaffen Augenlidern hervor an. »Das war nicht deine Schuld. Das Leben liegt nicht in unserer Hand. Es ist doch alles eine Frage des richtigen Augenblicks – eine Frage des Glücks, weißt du. Wie sagt man...? Ach, ja: ›Nur wenn der Himmel, die Erde und die Mitmenschen der Stunde wohlgesonnen sind, stellt sich Erfolg ein.‹ Alle drei Elemente müssen gleichzeitig für einen arbeiten.«

Onkel Zhao seufzte und schüttelte seinen großen Kopf. Baba überließ ihn seinen Träumen. Als in der Mandschurei Wagen in Mode kamen, die auf aufgeblasenen Gummireifen fuhren, ließ der Patriarch, der darauf bedacht war, mit der Zeit zu gehen, die alten Wagen der Familie mit den Stahlreifen auf den Holzrädern durch neue mit Gummirädern ersetzen. Mit den schnelleren neuen Wagen wurden das Getreide und die Hirse vom Land nach Xinmin gefahren, wo der Patriarch seine Kornspeicher hatte.

Er stellte Onkel Zhao als Fahrer an, so daß er nicht mehr die anstrengende Arbeit in den Gärten tun mußte, denn er hatte an seinen Schläfen silberne Strähnen entdeckt. »Ein Mann sollte daran denken, sich ein Nest für das Alter zu bauen, Lao Zhao«, sagte der Patriarch, mit auf dem Rücken verschränkten Händen. Seine Augen blickten grimmig, aber wer für ihn arbeitete, wußte, daß er ein weiches Herz hatte, so weich wie Bohnengallerte.

»Du kannst gern das Pferd und den Wagen nehmen, um dir etwas Geld dazuzuverdienen – indem du auch für andere fährst«, sagte er. »Was du nebenher verdienst, kannst du alles für dich behalten.«

Onkel Zhao war mit der neuen Vereinbarung zufrieden und blieb weiter als ihr Fuhrmann im Haus der Yang.

Baba liebte es, wenn sie mit dem Wagen Ausflüge machten. Stolz schwang Onkel Zhao dann die Peitsche, ließ sie zischend durch die Luft sausen. Wie ein jugendlicher Draufgänger raste er mit dem neuen, gelenkigen Wagen an den plumpen alten Modellen vorbei, deren Fahrer vor Neid die Lippen zusammenkniffen und ihnen böse hinterhersahen.

Ein paar Jahre später, eines Winters, wurde Onkel Zhao von einem Obstverkäufer in Xinmin angeheuert. Er fuhr allein los. Die Straße war hartgefroren. Auf einem besonders schlechten Stück geriet der Wagen ins Schleudern und überschlug sich, so daß die Kisten zerbrachen und das Obst herausfiel.

»Oje, mein Freund. Heute haben wir wahrhaftig kein Glück«, sagte er, während er der Stute über den Hals strich. Das Pferd schüttelte den Kopf, als könnte es seinen Kummer verstehen. (Es hatte ein weißes Fell, das mit rostroten Flecken gesprenkelt war, es sah aus wie die Orangen, die jetzt im Schnee lagen. Er hatte ihm noch nie die Peitsche gegeben, die er immer nur hoch in der Luft knallen ließ.)

Der Patriarch wollte nicht, daß Onkel Zhao für den Schaden aufkam; er kaufte dem Obsthändler die ganze Wagenladung ab.

»Sie sind kaum beschädigt, und für das Neujahrsfest werden wir sowieso Orangen brauchen«, hörte Baba den Patriarchen sagen.

Onkel Zhao bedankte sich bei ihm, aber seine Seele war schlimmer angeschlagen als die Früchte.

Ein Unglück kommt selten allein, sagt man.

In der darauffolgenden Woche, als Onkel Zhao mit Babas übermütigem zweiten Bruder zum Markt fuhr, stieß ein alter Bauer auf wackligen Beinen, der zwei Körbe mit purpurroten Rettichen auf seiner Schulterstange balancierte, als er die Straße überqueren wollte, mit dem einen Ende der Stange gegen den Kopf der Stute. Das erschrockene Tier galoppierte auf und davon und warf Onkel Zhao – der sonst für seine Behendigkeit bekannt war – von seinem Sitz auf dem Seitenbrett aufs Eis. Die Stute lief in einer wilden Fahrt immer weiter, was der zweite Bruder, der hinten im Wagen saß, sichtlich genoß.

Onkel Zhao raffte sich aus dem Schnee und dem Eis

auf und stapfte hinterher, aber seine lose sitzenden *wulas* erwiesen sich als ungeeignet für diese Verfolgungsjagd, und so gab er nach zwei spektakulären Stürzen auf.

Das Pferd raste quer durch die Stadt bis fast zum »Großpapa-Tempel« – den man zu Ehren von Guangong, dem Gott des Krieges, errichtet hatte. Dort fiel ihm ein Passant in die Zügel und brachte es zum Stehen.

Es war nicht Onkel Zhaos Schuld, daß der alte Bauer mit den Rettichen gestürzt war, daß er, um sich schlagend und stöhnend, am Boden lag. Er wurde sofort ins Krankenhaus gebracht.

Es sprach sich schnell in der Stadt herum, daß der Wagen, der dem reichen Yang Laojun, dem Patriarchen des Hauses Yang, gehörte, den Bauern fast zu Tode gefahren hätte. »Und nicht nur das«, sagten die Leute. »Der Fuhrmann kam, genau wie die Rettiche, unter die Räder – oje, was für ein schrecklicher Anblick... aber noch schrecklicher war der Anblick dieses grobschlächtigen Mädchens mit den großen breiten Schultern, das hinten im Wagen saß. Es lachte ganz hysterisch, als der Wagen davonsauste.«

Die Polizei beschuldigte Onkel Zhao des Totschlags und warf ihn ins Gefängnis. Am nächsten Morgen traf der Patriarch dort ein, um die Situation aufzuklären und den Fuhrmann nach Hause zu holen.

Inzwischen hatte der alte Bauer, der in Wahrheit nur ein paar Schrammen abbekommen hatte, an dem Komfort im Krankenhaus Gefallen gefunden und weigerte sich, nach Hause zu gehen.

»Mein ›Laternenhaken‹ tut mir weh«, nörgelte er, sein rosa Zahnfleisch entblößend. Baba und die anderen Besucher aus dem Hause Yang konnten sich nicht erklären, was genau er mit »Laternenhaken« meinte, aber sie wußten mit Sicherheit, was der alte Kauz damit bezweckte, daß er nämlich gar nicht daran dachte, sein Krankenbett zu räumen – wenigstens nicht, bis ihm der betuchte Patriarch ein wenig von seinem Reichtum abgab. Erst als der Bauer zweihundert Yuan erhalten hatte, kehrte er mit seinem »Laternenhaken« nach Haus in sein Dorf zurück.

Nach diesem letzten Unglück wurde Onkel Zhao nur noch schweigsamer und erzählte überhaupt keine Geschichten mehr aus seinem Banditendasein. »Ich bin nur noch eine Last für den Patriarchen«, war das einzige, was er sagte.

»Vergiß es endlich, Lao Zhao. Es war nicht deine Schuld. Niemand gibt dir die Schuld dafür«, sagte der Patriarch. »Wir müssen das Frühlingsfest so wie immer feiern.«

Aber Onkel Zhaos Selbstbezichtigungen türmten sich in seiner Seele so hoch auf wie der Schnee auf dem Dach. Baba sah ihn in seinem Zimmer sitzen, an seiner langen Pfeife paffen, das Pferdegeschirr reparieren, das Zaumzeug herrichten, neue Riemen an der Peitsche befestigen; er fuhr nur noch mit dem Wagen, wenn die Familie für ihn besondere Urlaubsbesorgungen zu machen hatte.

Jedes Jahr schenkte Onkel Zhao den jüngeren Kindern am Neujahrsabend eine Wagenfahrt durch den Schnee, um den Gott des Wohlstands zu begrüßen: Es hatte ihn nie gestört, aus seinem besten Festtagsanzug – ein langes blaues Gewand – zu steigen und seine Arbeitskleidung anzuziehen, um für die Kinder den Chauffeur zu spielen.

»Der Gott des Wohlstands ist zurück! Der Gott ist zurückgekehrt!« schrien die Kinder, während die Raketen knallten und Onkel Zhao seine lange Peitsche durch den mitternächtlichen Himmel sausen ließ.

Aber in diesem Jahr wagten die Kinder nicht, ihn zu stören.

»Onkel Zhao, woran denkst du?« fragte Baba, als er auf Zehenspitzen in das Zimmer des alten Mannes ging. Mit seinen siebzehn Jahren war er jetzt schon viel zu alt für diese Wagenfahrten, aber er hielt auch weiterhin hartnäckig daran fest, das Zimmer neben der Mühle aufzusuchen. Die Wände waren mit bunten Neujahrsdrucken geschmückt, auf denen viele dicke Säuglinge abgebildet waren, die Melonen in den Armen hielten oder auf einem riesigen Karpfen ritten: der Wunsch nach Reichtum und vielen Nachkommen.

»Oje, Nummer vier«, sagte Onkel Zhao mit einem Seufzer und starrte auf die Poster an der Wand. »Laß mich zuerst meine Pfeife stopfen, dann werde ich dir erzählen, worüber ich mir Gedanken gemacht habe... Die Japaner sind jetzt fort... seit letztem Herbst. Die Welt verändert sich schnell, zu schnell. Eine Menge davon verstehe ich nicht... aber ich weiß, daß es Zeit für mich wird, auch ein paar Veränderungen zu treffen.

Ich will nach Hause, nach Shantuozi. Dort lebt eine alte Schwester von mir; wir werden uns gegenseitig Gesellschaft leisten. Ich möchte Herr über ein eigenes Stück Land sein – das wünsche ich mir am meisten. Und vielleicht suche ich mir auch eine Frau. Erfülle mir noch einen anderen Traum...« Sein teilnahmsloser Ausdruck im Gesicht war verschwunden und hatte Sehnsucht Platz gemacht. »Vielleicht ist es diesmal der richtige Augenblick – vielleicht habe ich diesmal ein bißchen Glück, was?«

Als der Patriarch von Onkel Zhaos Entschluß hörte, war er erfreut. Er schenkte ihm zehn *mu* Land in Shantuozi und sagte ihm, daß er sich irgendein Pferd im Stall aussuchen könnte, welches er haben wollte.

Natürlich nahm Onkel Zhao sein Lieblingspferd: die treue gescheckte Stute – die stumme Zeugin der vielen Stürze ihres Herrn auf den winterlichen Straßen. Sie war unglaublich stark. Wenn sie ihren Rücken durchbog, konnte sie den vollgepackten Wagen die steilen Wege über die Eisenbahngleise hinaufschleppen, oder sie konnte ihn aus dem Frühjahrsschlamm ziehen, der unter der dünnen gefrorenen Erdkruste nicht zu sehen war. Das hätten die meisten Pferde nicht gekonnt.

An einem Morgen im Frühling, als die Zweige der Weiden noch glatt waren, ohne die wolligen silbergrünen »Weidenkätzchen«, stand die Familie im Hof, um Abschied zu nehmen. Alle sahen zu, wie Onkel Zhao seine kärgliche Habe am Sattel festmachte. Der Mann, der im Alter noch ungeschickter geworden war, mußte zweimal Anlauf nehmen, bis es ihm gelang, sich auf die Stute zu schwingen und langsam durch das Südtor davonzureiten.

»Nun, hoffen wir, daß er wenigstens diesmal nicht von seinem Pferd fällt«, hörte Baba Yu, der neben ihm stand, scherzen. Aber Baba sah, daß Yu gar nicht lachte: Auf seiner wattierten Baumwolljacke waren zwei dunkle Flecken zu sehen; vielleicht war die eine Träne für Onkel Zhao und die andere für ihn selbst bestimmt.

»Hoffen wir, daß er oben bleibt. Vielleicht ergeht es ihm ja gut in seinem neuen Leben als Landbesitzer«, fuhr Yu fort.

Aber Baba und Yu wußten beide, daß sich die Zeiten geändert hatten und daß nichts mehr sicher war. Nicht der Himmel, nicht die Erde, nicht die Menschen.

Onkel Yu

Yu, den alle in der Familie »Onkel Yu« nannten, war im Winter 1940, schon bald nach der Rückkehr meines Vaters in die Mandschurei, in das Haus der Yang gekommen. Der bezahlte Gehilfe war im Sommer in den Nord- und Südgärten beschäftigt, aber am wichtigsten war er für die Familie im Winter. Dann war es seine Aufgabe, das Eis aufzubrechen, das sich über dem alten Brunnen gebildet hatte.

Im Winter war es für die Frauen schwierig und gefährlich, das Wasser heraufzuholen, denn es spritzte aus den Eimern und gefror rund um die Öffnung des Brunnens sofort zu Eis, das mit jedem Mal höher wurde. Wer über den steilen, schlüpfrigen Weg stieg, um zum Wasser zu gelangen, lief Gefahr, in den Brunnen zu fallen. Onkel Yu schwang eine Spitzhacke, um den Eiskegel zu zerbrechen.

Es war nicht schwer zu erkennen, daß er von Bauern abstammte: Er hatte ein flaches Gesicht, das die Leute aus dem Norden *da bing zi lian* nannten – Pfannkuchengesicht: lange, schmale, schläfrige Augen, die niemals Verwunderung zeigten, auch wenn er welche spürte; wenn er die Oberlippe hochzog, kamen große Schneidezähne zum Vorschein, die braune Flecken hatten; beim Gehen schlenkerten seine langen Arme wie bei einem Affen. Baba und

179

seine Vettern nannten den Mann heimlich »Schuppenglatze«, denn immer, wenn er sich kratzte – ob an seinem glattrasierten Schädel, hinter den Ohren oder an den Ellbogen und Knien –, verstreute er kleine weiße Hautfetzen.

An den Winterabenden saß Onkel Yu oft mit untergeschlagenen Beinen auf dem Kang und flickte immer wieder von neuem ein Paar alte *wula*-Schuhe, die Onkel Zhao schon vor Jahren abgelegt hatte. Dabei lachte Onkel Yu in sich hinein, daß es wie das Zischen von Luft klang, die aus einem Gummireifen entwich. Wenn Baba ihn fragte, worüber er lachte, erwiderte er:

»Ich habe diese beiden müden alten Winterschuhe schon so oft mit einer Nadel durchbohrt, daß sie laut ›Jei! Jei! Jei!‹ schreien würden, wenn sie lebendig wären.« Seine langen schmalen Augen zogen sich vor Fröhlichkeit noch mehr in die Länge.

Die wenigen Habseligkeiten, an denen ihm etwas lag, bewahrte er in einem kleinen Stoffranzen auf: ein Paar neue Baumwollschuhe, ein glänzendes Seidenkäppchen mit einem roten Pompon obendrauf; und ein bodenlanges blaues Gewand, das immer ordentlich zusammengelegt war.

Am Mittag des letzten Tages im Jahr, wenn die Feiern für das Frühlingsfest begannen, erschien Onkel Yu wie eine errötende Braut in seiner kostbaren Ausstattung, die vom langen Liegen einen muffigen Geruch hatte.

»Glückliches – glückliches neues Jahr, ältere Schwester«, sagte er stammelnd zu Nainai und starrte dabei auf seine Schuhe.

Nach dem fünften Tag des Monats, wenn das Frühlingsfest zu Ende war, wurden seine Sachen wieder sorgfältig zusammengelegt und im Ranzen verstaut, wo sie verblieben, bis das restliche Jahr der Plackerei vorüber war.

Baba und die anderen Kinder wußten, daß Onkel Yu gutmütig war. Wenn sie ihn darum baten, ihnen ein Lied vorzusingen, hüpfte er, ohne zu zögern, wie ein Vogel herum und schwenkte die Arme, während er ein Stückchen von einem Lied trällerte:

»Neun Kobolde und achtzehn Höhlen, in jeder Höhle wohnt ein Kobold.«

»Bitte, weiter, Onkel Yu!« lärmten die Kinder.

Er zuckte mit den Schultern und sagte: »Aber ich kenne keins mehr.« Er hatte schon sein gesamtes Repertoire abgesungen.

Aber Onkel Yu machte seinen Mangel an Liedern bei den Kindern wieder gut: Im späten Frühling, wenn die farbenprächtigen Vögel in Scharen aus dem Süden kamen, half er den Kindern, sie mit einer Schlinge zu fangen, ohne ihnen eine Feder zu verletzen. Er war ein geübter Fallensteller.

Eines Jahres, als Wiesel den Hühnerstall verwüstet hatten, beauftragte die Familie Onkel Yu damit, die Schädlinge zu fangen.

Er stellte seine Fallen auf und wartete. Und wartete. Aber kein einziges Wiesel ließ sich blicken. Dummerweise wurde er dann aber selbst zur Beute.

Als er sich eines Tages auf den Kang setzte, begann er am ganzen Körper zu zittern.

Als man ihn fragte, wo es ihm denn weh täte, erwiderte er mit einem sonderbaren Akzent und seltsamer Betonung, genauso wie die Leute aus der Provinz Shandong im Süden sprechen, aber völlig anders, als er es sonst tat:

»Ich bin der Geist des Gelben Wiesels. Ich bin gekommen, um mich an dem Schurken Yu zu rächen, der es auf mich abgesehen hat.«

»Geist, wo wohnst du?« fragten die Leute.

»Vorne, hinten, links und rechts.« Niemand hatte Onkel Yu jemals seine schläfrigen Augen so weit aufreißen sehen.

Man rief Babas Vater, damit er den Dämon aus Onkel

Yus Körper vertrieb. Yeye packte Onkel Yu und setzte ihn auf die Türschwelle der Eingangstür, mit dem Gesicht nach innen. Dann zwang er ihn, ein hartgekochtes Ei zu essen, auf dem in zinnoberroter Tinte Zauberworte standen. So wurde der Geist aus dem Körper von Onkel Yu verjagt und dazu gebracht, in sein Loch zurückzukehren.

Wenn der Frühling vorbei war und es Sommer wurde, kümmerte sich Onkel Yu um die Gärten und verrichtete Gelegenheitsarbeiten auf dem Grundstück des Hauses Yang; bei warmem Wetter gab es wirklich nur wenig für ihn zu tun.

Niemand wußte, wie er auf die Idee gekommen war, aber eines Tages im Sommer 1942, als Baba dreizehn war, verkündete Onkel Yu, daß er sich als Arbeiter verdungen habe.

Die Japaner hielten noch immer die Mandschurei besetzt und zwangen vorgeschriebene Einheiten von jeweils zehn Familien, für eine Zeitspanne von sechs Monaten einen männlichen Arbeiter zur Verfügung zu stellen. Menschliche Arbeitskräfte waren in dem dünn besiedelten Nordosten Mangelware, und die Familien konnten meistens keine einzige erübrigen. In den meisten Fällen legten sie ihr Geld zusammen und kauften den Schweiß und die Muskelkraft eines armen Mannes, der dann ihre Stelle einnahm.

Niemand wußte, für wieviel Geld Onkel Yu sich verkauft hatte.

Am Tag seiner Abreise gab er Nainai seinen Ranzen, damit sie ihn für ihn aufhob. »Ältere Schwester«, sagte er, »ich werde Ende des Herbstes wieder zurück sein.«

Als die Blätter im Herbstwind raschelten und von den Bäumen fielen, war Onkel Yu noch nicht zurück; als der Schnee hüfthoch am Boden lag und das Eis sich über dem Brunnen wölbte, war er noch immer nicht da; als das neue Jahr mit Feuerwerkskörpern gefeiert wurde, war er nirgends, gesetzt und linkisch in seinen Festtagskleidern, zu sehen; es wurde Frühling, und die Vogelscharen kamen, aber er war nicht zurückgekehrt, um den Kindern mit den Fallen zu helfen. Wo ist Onkel Yu? fragten sich alle.

An einem Sommertag, als eine kühle Brise nur eine verlockende Erinnerung war, saß Baba auf dem Kang und aß mit der Familie zu Mittag. Durch das Nordfenster, durch das ein kühles Lüftchen wehte und ein wenig Linderung brachte, sah Baba, wie ein Mann das Tor des Nordgartens aufstieß und mit langen schlenkernden Armen hereinkam.

»Das sieht aber ganz nach Onkel Yu aus«, sagte Baba.

»Es ist Onkel Yu!« riefen die anderen Kinder im Chor. Sie warfen ihre Eßstäbchen fort und steckten die Köpfe durch das Fenster.

Onkel Yu setzte sein vertrautes Lächeln auf und zeigte seine braungesprenkelten Zähne.

Die begeisterten Kinder liefen hinaus, ergriffen seine Hände, zogen ihn ins Haus und setzten ihn auf den Kang.

»Kinder, lauft schnell und kauft ein paar frische Pfannkuchen, während ich ein paar Rühreier mit Schnittlauch brate«, sagte Nainai. »Dieser glückliche Tag muß gefeiert werden.«

Und als schließlich alle wieder da waren und aßen, erzählte Onkel Yu seine Geschichte:

»Wir hatten uns im Zentrum von Xinmin versammelt. Von dort wurden wir nach Shenyang gebracht. Der Lastwagen hat ganz schön geholpert, aber wir hatten es einigermaßen bequem.

In Shenyang wurden die Arbeiter aus der ganzen Provinz Liaoning versammelt. Den Alptraum, der dann kam, hatte niemand erwartet – wir hatten nicht geglaubt, daß wir unsere Freiheit verlieren würden...«, Onkel Yu stocherte in dem Essen in seiner Schüssel, schien unfähig zu schlucken.

»Wir wurden wie Ochsen in luftleere Viehwagen getrieben. Als die großen Stahltüren erst einmal zu waren, gab es keinen Weg hinaus. Hinaussehen konnten wir nur, wenn wir an den Wänden hochkletterten und durch die Ritzen unter der Decke etwas zu erkennen versuchten.

Nicht lange, und der Geruch, nein, der Gestank von so vielen Körpern, die zusammengetrieben waren – der menschliche Gestank und der Abfall... ich habe kaum Luft bekommen. Die Tage vergingen. Wir fuhren immer nach Norden – mußten oft warten, um die Züge, die in den Süden fuhren, vorbeizulassen.

Als wir schließlich nach Harbin kamen – weit oben im Norden, wo es nach Rußland geht –, wurden wir auf Lastwagen an einen wilden, einsamen Ort gebracht. Wußten erst gar nicht, wo wir waren.

Und wußten auch nicht, was wir da draußen bauen sollten für die Japaner, mitten im Nirgendwo. Wir wußten nur, daß es etwas Großes war.

Ja, etwas sehr Großes. Zu Tausenden haben wir hinter den Stacheldrahtzäunen geschwitzt. Den ganzen Tag lang haben wir im Boden gegraben und Erde geschaufelt. Aber das einzige, was wir zu essen bekamen, waren kalte gekochte Kartoffeln und wäßriger Hirsebrei.

Ich hatte eingewilligt, ein halbes Jahr lang zu arbeiten, aber als die Zeit um war, haben mich die Japaner nicht gehen lassen...

Es war der kälteste und schrecklichste Winter, den ich je erlebt habe – und nie wieder erleben möchte.

Viele sind gestorben. Wenn jemand krank wurde, haben sie ihn in ein eingezäuntes Areal gebracht. Und erst, als ich selbst krank geworden bin, wurde mir klar, wie schlimm alles ist. Niemand kümmerte sich um uns.

Ich hatte tagelang hohes Fieber. Die haben nicht geglaubt, daß ich es schaffen würde, und so haben sie mich außerhalb des Stacheldrahtzauns auf ein Brett gelegt. Sie

haben mich eine weite Strecke getragen, bis an den Ort, an dem die Toten begraben wurden. Es war Frühling, und das Gras stand schon hoch.

Die chinesischen Arbeiter haben gesehen, daß ich noch atme; ich glaube, sie hatten Mitleid mit mir und haben keine Erde auf mich draufgeschüttet...«

Onkel Yu saß völlig still und mit hängendem Kopf da und stieß einen langen Seufzer aus. Baba sah, wie seine Augen immer röter wurden. Niemand wagte es, das Schweigen zu brechen; nur das Gurren der Tauben auf dem Dach war zu hören. Die Pfannkuchen und die duftenden Rühreier mit Schnittlauch standen unberührt auf dem Tisch. Dann wischte sich der Mann mit seinen schwarzen, schwieligen Händen das Gesicht ab und fuhr fort:

»Jemand hat mir zwei Reissäcke zum Drauflegen gegeben. *Huuuh!* Der Wind blies die ganze Nacht durch das Gras.

Manchmal, wenn die Arbeiter wieder mit Leichen kamen, stießen sie mich mit den Zehen an, um zu sehen, ob ich noch am Leben war. Eine gute Seele ließ ein paar rohe Kartoffeln für mich da.

Wie viele Tage ich dort auf dem Hügel lag, weiß ich nicht mehr, aber eines Nachts wachte ich aus dem Fieber auf. Mein Körper fühlte sich ganz leicht an. Ich aß die Kartoffeln, und als ich mich ein bißchen kräftiger fühlte, kroch ich auf Händen und Knien durch das Gras, weg von dem Friedhof.

Als es Tag wurde, sah ich in der Ferne ein Dorf. Ich kroch weiter auf allen vieren und kam schließlich zu einem Kornfeld. Das unreife Korn schmeckte süß und stillte meinen Durst. Als ich mich wieder etwas erholt hatte, kroch ich weiter.

Gegen Mittag hatte ich es bis zum Rand eines Hirsefelds geschafft; dort saßen drei Männer bei ihrem Mittagessen. Sie sahen mich auch. Sie kamen zu mir gelaufen.

Ich hatte Angst, daß sie mich wieder in das Sklavenlager bringen würden, und versuchte mich zu verstecken.

›Woher kommst du?‹ fragte der eine Mann, als sie mich gepackt hatten. Na ja, sie wußten natürlich genau, wo ich herkam. Dann gaben mir diese guten Männer Wasser und süßen Bohnenkuchen zu essen. Also, ich muß schon sagen, so gut hat es mir noch nie geschmeckt! Sie sagten, daß ich in Sankeshu wäre, so hieß die Gegend – drei Bäume. Und am Abend stützten sie mich beim Gehen und nahmen mich mit in ihr Dorf. Da wurde mir klar, daß der Himmel mich noch nicht sterben lassen wollte.«

Onkel Yu schüttelte den Kopf. In seinen Augen lag ein leises Lächeln. Er riß ein Stück von dem Pfannkuchen herunter und kaute langsam.

»Ich habe ihnen gesagt, daß ich wüßte, wie man das Land bestellt – daß ich wüßte, wie man mit dem Wagen fährt. Ich bin in dem Dorf geblieben und habe ihnen das ganze Frühjahr über geholfen.

Sie waren gut zu mir, sie haben mich für meine Arbeit bezahlt. Sie wollten, daß ich bei ihnen bleibe, denn dort oben im Norden gibt es sogar noch weniger Menschen – sie konnten jeden gebrauchen, den sie nur kriegen konnten. Aber ich wollte nach Hause...

Die Leute schrieben mir auf, wie ich nach Xinmin kommen würde. Ich zeigte das Stück Papier an den Bahnhöfen, wo die Züge fahren, und die Leute zeigten mir den Weg.«

»Onkel Yu, wieviel haben dir die zehn Familien gezahlt, um für die Japaner zu arbeiten?« fragte Baba.

Onkel Yu setzte ein breites Lächeln auf.

»Ältere Schwester«, sagte er zu Nainai. »Könntest du mir meinen Ranzen holen?« Als Nainai mit dem Beutel zurückkam, zog er einen seiner Festtagsschuhe heraus und griff hinein.

Nacheinander kamen sein Tabak, seine Zünderbüchse und die Pfeife zum Vorschein, und schließlich zog er aus der vordersten Zehenspitze ein Stück gefaltetes Papier hervor. Er klappte es auseinander und strich die Falten glatt, dann legte er, wie ein Zauberer, einen seltenen Hundert-Yuan-Schein auf den Tisch.

Es war der größte Geldschein, der in der von den Japanern besetzten Provinz Manchukuo im Umlauf war. Die Leute nannten ihn die »Schafsnote«, weil auf der einen Seite eine Herde wolliger Schafe abgebildet war.

Onkel Yu strahlte vor Stolz und Freude, als er stumm das Geld betrachtete – vorn und hinten. Dann hielt er es gegen das Licht. Er starrte eine lange Zeit darauf. Als er schließlich zufrieden war – in der Gewißheit, daß es nach all den dunklen Monaten nun ihm gehörte –, faltete er das Geld wieder zusammen und steckte es zurück in die Zehenspitze seines Schuhs. Seinen Tabak und seine Pfeife behielt er bei sich, denn jetzt, da er wieder zu Hause und in Sicherheit war, konnte er es wieder genießen, eine schöne Pfeife zu rauchen. Nainai blieb weiterhin die Bewahrerin des kleinen Stoffranzens, aber da sie nun wußte, was er enthielt, versteckte sie ihn noch tiefer im Schrank.

»Onkel Yu«, sagten die Leute im ersten Monat des Jahres 1944, »bald ist das Neujahrsfest des Mondes. Warum kaufst du dir nicht etwas Besonderes mit deiner Schafsnote? Du hast es ganz gewiß verdient, etwas Geld für dich auszugeben.«

Onkel Yu grinste und schüttelte den Kopf. Er fuhr fort, seine gebrauchten *wula*-Schuhe zu flicken.

In dem darauffolgenden Jahr arbeitete er wie gewöhnlich im Sommer im Garten und entfernte im Winter das Eis, das sich rund um die Öffnung des Brunnens bildete.

Im Sommer 1945 gab es Manchukuo nicht mehr. Die Japaner waren besiegt.

»Onkel Yu, du mußt wissen, daß dein Hundert-Yuan-Schein nun nichts mehr wert ist«, sagte Baba.

Onkel Yu lächelte. Das hatten ihm andere auch schon gesagt. Nein, er war voller Vertrauen; wie konnte die Schafsnote nichts mehr wert sein? Sie war echt. Sie steckte in der Zehe seines Schuhs, nicht wahr?

Aber die nagenden Zweifel, die ihn ergriffen hatten, wuchsen. Eines Tages bat er Nainai um seinen Ranzen und ging in die Stadt, um Tabak zu kaufen; aber der Ladenbesitzer schüttelte nur den Kopf, als er mit der Schafsnote zahlen wollte.

»Dieses hübsche Geld ist zu nichts anderem gut, als deine Pfeife zu putzen«, sagte der Ladenbesitzer.

An jenem Nachmittag sah Baba Onkel Yu in der Stadt, wie er mit langem, hängendem Gesicht und ungewohnt verbitterter Miene dahinging. Auf seiner glattrasierten Glatze glänzten Schweißperlen. Als er nach Hause kam, setzte sich Onkel Yu auf den Kang, zog die Schafsnote hervor und starrte sie an. Von Zeit zu Zeit drehte er sie um und stieß sein bekanntes Stöhnen aus. Aus den Winkeln seiner langen schmalen Augen rannen Tränen.

»Ach, Onkel Yu, bitte nicht weinen«, baten die anderen. Aber je mehr sie ihn trösteten, um so mehr Tränen vergoß er.

»Es war alles umsonst«, sagte er unter Schnüffeln und Schluckaufanfällen.

»Aber du bist heil und gesund von Sankeshu zurückgekommen. Dein Leben ist wichtiger als das Geld.« Er hörte nicht auf ihre Worte.

Nachdem die Tränen nur noch tröpfelten, faltete er das Geld zusammen und steckte es wieder zurück in den Schuh. Aber diesmal gab er Nainai seinen Ranzen nicht zum Aufbewahren.

Von Zeit zu Zeit, wenn Baba ihn in seinem Zimmer besuchen ging, sah er ihn zusammengesunken auf dem Kang sitzen, mit leerem Blick auf die Schafsnote starren und eine Träne wegwischen.

Onkel Yu arbeitete für Babas Familie im Herbst, im Winter und im Frühling. Im Sommer 1946 war er ein paar Tage nirgends zu finden.

Als er wieder auftauchte, trug er die Uniform eines Soldaten der Nationalisten – der Zentralregierung Chinas.

Das Hemd war ihm mehrere Größen zu klein; die Hose war ihm mehrere Nummern zu groß. Er kratzte sich am Schädel. Weiße Flöckchen fielen herunter. Er lächelte sein schüchternes Lächeln und starrte nach unten auf seine Schuhe. Wie es schien, hatte er aufgehört, sich zu grämen.

»Onkel Yu, warum willst du denn Soldat werden? Du weißt ja noch nicht mal, wie man mit einem Gewehr schießt«, sagte Baba.

»Ja, aber ich werde kein Gewehr brauchen. Ich bin als Koch in der Armee. Alles, was ich wissen muß, ist, wie man ein Feuer unter dem Kessel macht.

Aber, was das beste ist, ich werde zwei Silber-Yuan im Monat verdienen. Richtiges Geld. Kein Papiergeld.«

Onkel Yu wurde schon bald darauf von Xinmin in das benachbarte Zhangwu verlegt.

Dort gab es in jenem Winter Kämpfe. Schwere Kämpfe.

Die kommunistischen Truppen, die 8. Straßenarmee, überrannten mühelos die 49. Brigade der Nationalisten, die sich verschanzt hatte. Die verfeindeten chinesischen Parteien waren eilig in die Mandschurei eingefallen, jeder auf seine Weise, in dem Wettlauf um das Vakuum, das die abziehenden Japaner zurückgelassen hatten.

Wenn die geschlagenen Soldaten der Nationalisten aus der Schlacht zurückkehrten, sahen die Menschen von Xinmin sie an Krücken humpeln oder auf Bahren liegen, ihre dicken Baumwollmäntel vom Blut hartgefroren.

Und jeden Tag hielt Baba Ausschau unter den zerlumpten Männern, um Onkel Yu zu finden. »Er würde ganz bestimmt hierher zurückkommen, wenn er könnte. Hier ist er zu Hause«, sagte Baba.

Über fünf Monate hatte Onkel Yu nun schon in der Armee gedient. Tot oder lebendig, ihm würden zehn Silber-Yuan gehören. Silber. Richtiges Geld. Kein Papiergeld.

Vier Hochzeiten

»Der dritte Bruder, fast neunzehn, soll bald eine Frau bekommen. Ich fürchte, ich bin als nächster dran«, sagte sich mein Vater im Frühjahr 1946. »Ich bin jetzt siebzehn... ich hab' die Älteren schon davon reden hören, daß sie mich verheiraten wollen.

Wer braucht das denn!

Ich bekomme nicht mal mit, was sich direkt vor meiner Nase abspielt; es ist alles so undurchsichtig, mit dem Krieg und so. Wie soll ich mich da zurechtfinden? Gibt es für mich überhaupt eine Zukunft? Werde ich weiter auf die Schule gehen können? Mir jetzt eine Frau aufzuhalsen wäre das letzte, was ich mir wünsche.

Die Alten – die wollen uns Junge immer nur herumkommandieren.«

Es fiel Baba schwer, die ganze Aufregung und die Sorgen zu vergessen, die es bei der Hochzeit des ältesten und des zweiten Bruders gegeben hatte, den Lärm und das Gedränge auf den Feiern vor über vier Jahren.

»Dieser feine älteste Enkel von dir – der an der Universität studiert – macht einem Mädchen den Hof. Sie gehen ohne Begleitung spazieren«, las der Patriarch in einem Brief von einem Verwandten in Beiping. Das war 1940.

Die Nachrichten über den ältesten Bruder – der neunzehn und damit sieben Jahre älter war als Baba – trafen den Patriarchen wie eine Keule am Kopf.

»Er wird das Mädchen, das ich für ihn ausgesucht habe, auf traditionelle Weise heiraten! Wir werden diese neumodische ›freie Liebe‹ des Westens nicht dulden!« sagte er. In seinem Zorn sahen seine schweren schwarzen Augenbrauen noch dicker aus als das Fell seines Biberhutes.

»Ich will eine große Hochzeitsfeier«, hörte Baba den Patriarchen laut erklären, und alle wußten, daß es unter dem Dach des Hauses Yang bald eine Menge Ärger geben würde.

Der Patriarch, der jetzt in den Sechzigern war, befand sich auf dem Höhepunkt seiner Macht und seines Reichtums. Eine große Hochzeitsfeier würde ihm Gelegenheit geben, Freunde und Verwandte, die weit entfernt lebten und sich viele Jahre nicht gesehen hatten, zu vereinen. Und außerdem wollte er die wunderbaren Früchte seiner Arbeit von über einem halben Jahrhundert herzeigen. Die Hochzeiten dienten dem Vergnügen der Alten, mit den betroffenen jungen Leuten hatten sie nur wenig zu tun.

»Deine Mutter ist krank. Komm sofort nach Hause«, stand in dem Telegramm, das der älteste Bruder in der Schule erhalten hatte. Er eilte nach Hause, verließ Beiping im neuen China, um nach Xinmin, in die von den Japanern besetzte Mandschurei, zurückzukehren.

Als er zu Hause angekommen war, merkte der älteste Bruder, daß man ihn hereingelegt hatte. Die Familie weigerte sich, ihm einen Paß zu besorgen, damit er wieder nach Beiping fahren konnte. Zwischen ihm und dem Patriarchen herrschte unbeugsames Schweigen.

Ein Jahr verging, und die Heirat blieb ein höchst unseliges Thema. Aber die Leidenschaft, die durch den Konflikt entfacht worden war, kühlte sich durch die langweilige, eintönige Realität allmählich ab. Der Austausch von

Briefen zwischen dem ältesten Bruder und seiner Freundin in weiter Ferne versiegte am Ende.

Inzwischen war die Heiratskupplerin eingetroffen, um eine Tochter aus der Familie Cao anzupreisen (wie jedermann weiß, kann die Zunge einer Heiratskupplerin selbst einen Winterkürbis zu etwas höchst Erstrebenswertem machen).

»Ihr Gesicht ist wie der Samen einer Wassermelone geformt; ihre Augenbrauen sind wie die Fühler eines Nachtfalters; ihre Nase ist so glatt und weich wie Jade, ihre Taille so schlank wie eine Weidengerte. Die Tochter von Cao ist auch ein kluges Mädchen: eine der wenigen Frauen, die die Prüfung an der Lehrer-Akademie bestanden hat. Besser noch, sie stammt aus einer sehr respektablen Familie: Ihr Vater war nichts Geringeres als Polizeichef von drei Bezirken in der Provinz Guangxi.«

»Hmm, ja, hört sich an, als wäre sie eine geeignete Frau für Nummer eins. Wir werden dieses Mädchen in unsere Familie holen«, sagte der Patriarch.

»Kann mir einer von euch sagen, welcher Tag es ist und in welchem Zeitalter wir leben!« schimpfte der älteste Bruder, als er von der Entscheidung hörte, die man für ihn getroffen hatte. Er ging im Zimmer auf und ab wie jemand, den man an den Galgen bringen will.

»Ich werde kein Mädchen heiraten, das ich noch nicht mal gesehen habe. Die traditionelle Hochzeit ist so, als würde man zwei Puppen mit einem Bindfaden zusammenbinden.« Der älteste Bruder zog seine schmalen, ungläubigen Augen zusammen. Er war – wie alle aus dem Hause Yang – störrisch wie ein Maulesel.

Am Ende, als sowohl der Patriarch als auch sein Enkel es satt hatten, noch länger zu streiten, wurde ein Kompromiß geschlossen. Der älteste Bruder würde eine Ehe mit dem Mädchen in Erwägung ziehen, wenn man ihm erlaubte, es vorher in Augenschein zu nehmen.

»Und wenn sie nun ein Gesicht wie Zhubajie hat – das Schwein aus ›Reise in den Westen‹?« fragte er.

Aber er konnte auch nicht einfach zu der Cao-Familie gehen, um sich ihre Tochter anzusehen. Man mußte ein formelles »Treffen« arrangieren.

Der älteste Bruder würde in Begleitung zu dem Treffen kommen, und das betreffende Fräulein Cao würde ebenfalls von jemandem begleitet werden. Dem verabredeten Treffpunkt würde sich die eine Partei zur gegebenen Zeit von Norden her nähern und die andere Partei von Süden. Der älteste Bruder und Fräulein Cao würden sich natürlich nicht kennen, aber die beiden Begleitpersonen kannten sich.

Zu dem festgesetzten Zeitpunkt trieben die beiden Vermittler die beiden jungen Leute in der geschäftigen, verkehrsreichen Straße, ohne anzuhalten, aneinander vorbei – ohne auch nur langsamer zu gehen. Der älteste Bruder mußte nach einer intensiven, zwei Sekunden währenden Begutachtung eine Entscheidung fürs Leben treffen.

Was er von Fräulein Cao sah, gefiel ihm nicht schlecht: Sie war ungewöhnlich schön. Trotzdem, er stellte noch eine andere Bedingung, bevor er in die Heirat einwilligen würde:

»Die Hochzeitszeremonie muß ›zivilisierter‹ sein – sie muß modern sein, sonst mache ich nicht mit«, sagte er.

Der Patriarch war ziemlich enttäuscht, aber am Ende gab er nach. Immerhin war es besser, eine moderne Hochzeit zu haben als gar keine.

Allerdings weigerte sich der alte Herr, an der Zeremonie teilzunehmen.

»Pah, sie sagen, die traditionelle Hochzeit wäre unzivilisiert. Was ist denn an dem hier so zivilisiert? Die Braut ist von Kopf bis Fuß in Trauerweiß gekleidet.

Ja, und ihre Familie ist auch hier – ihr Vater hält gerade eine Rede: Ich höre ihn dröhnen. Noch nie habe ich gehört, daß die Schwiegereltern auch zur Hochzeit kommen. Sie sollten die Braut bei dem Heiratsvermittler abliefern und dann nach Hause gehen.

Und keine einzige Trompete! Nur eine wimmernde Orgel, die diesen Trauermarsch spielt...« Baba sah den Patriarchen in Gesellschaft von alten Freunden und alternden Verwandten in seinem Arbeitszimmer sitzen und mit ihnen gemeinsam den Kopf schütteln.

»Ich werde für irgendeinen meiner Enkel eine traditionelle Hochzeit arrangieren, und wenn es das letzte ist, was ich mache«, sagte er.

Schon bald nach der Hochzeit des ältesten Bruders sah man die Heiratskupplerin schon wieder im Zimmer des Patriarchen ein- und ausgehen.

»Die Schönheit der ältesten Tochter aus dem Hause Li ist so groß, daß die Fische im Wasser versinken und die wilden Enten vom Himmel fallen. Sie ist außerordentlich zart: Ihre Finger sind lang und spitz wie die Triebe von Frühlingszwiebeln«, sagte die alte Frau zu dem Patriarchen. »Und du solltest auch wissen, daß ihre Familie viele hundert *mu* schwarze Erde besitzt, wo der Ertrag von Hirse doppelt so hoch ist wie der in den meisten anderen Regionen.«

Die acht charakteristischen Eigenschaften, die Stunde, Tag, Monat und Jahr der Geburt von Fräulein Li beschrieben, wurden, zusammen mit denen des zweiten Bruders, an einen blinden Wahrsager weitergegeben. Die Heirat würde günstig verlaufen, sagte er nach längeren Überlegungen.

Der zweite Bruder – der ein Jahr jünger war als der älteste Bruder – hatte trotz seines ungestümen Benehmens ein ruhiges Gemüt. Für ihn war nichts wichtig genug, um deswegen einen Streit anzufangen; er fand immer einen Ausweg aus einer schwierigen Situation, um seine eigenen Bedürfnisse zufriedenzustellen.

»Er ist kein geradliniger Denker«, sagten die Leute von ihm. Er kümmerte sich wenig um die ganze Aufregung, die die Suche nach einer Braut für ihn mit sich brachte.

Nach den Besuchen der Heiratskupplerin begaben sich Nainai und Yeye zum Haus der Li, um deren heiratsfähige Tochter zu begutachten.

Nainai präsentierte ihnen die Ringe und Armreifen, Geschenke für Fräulein Li, in einem Kasten, der in roten Samt geschlagen war. Ein Paar Ohrringe behielt sie jedoch in ihrer Tasche, weil sie sie dem Mädchen persönlich an den Ohren befestigen würde.

»Wir dürfen nicht vergessen, uns ihre Ohrläppchen anzusehen. Wir können nicht zulassen, daß ein Mädchen mit dürftigen Ohrläppchen in die Familie einheiratet, egal, wie hübsch sie sonst ist. Mädchen mit dünnen Ohrläppchen bringen Unglück ins Haus.«

Fräulein Lis Ohrläppchen taten Nainais Ansprüchen genüge – sie müssen ganz schön dick gewesen sein.

Für die Hochzeit wurde ein günstiger Tag im Monat des zwölften Mondes ausgesucht.

Zu der verheißungsvollen Stunde um drei Uhr morgens begaben sich zwei geschlossene Sänften, jede mit vier Trägern, auf den Weg zum Haus der Heiratskupplerin, wo die Braut schon wartete. Der Weg wurde von großen roten Laternen beleuchtet, die wie übergroße Kürbisse aussahen. In der Sänfte des Bräutigams, die mit dem Drachenmotiv geschmückt war, saß der zweite Bruder. Der Aberglaube wollte es, daß die Phönixsänfte der Braut nicht leer fahren durfte. Baba, der für seine dreizehn Jahre ziemlich klein und leicht war, wurde auserkoren, den Platz zu wärmen.

Sieben Trompeten störten die Stille des frostigen Wintermorgens wie sich zankende Gänse; drei kichernde Zimbeln stimmten in das Gefecht ein. Auf dem ganzen Weg wurden sie von bellenden Hunden begrüßt. Niemand durfte schlafen.

»Nein, nein, junger Mann. Du darfst nicht aussteigen, bevor sie dir nicht den roten Umhang gegeben haben«, sagten die Sänftenträger zu Baba, als sie angekommen waren. Es war der Brauch, daß er sich erst vom Fleck rühren durfte, wenn er von der Familie der Braut das »Bestechungs«-Geld erhalten hatte.

Während der zweite Bruder in einem anderen Zimmer warten mußte, schlüpfte Baba in das Brautzimmer. Seine zukünftige Schwägerin war in mehrere Lagen Brokat gehüllt. Frauen halfen ihr beim Make-up, trugen Rouge, so dick wie für eine Opernsängerin, auf ihrem Gesicht auf; setzten ihr den Haarschmuck auf den Kopf, einen hohen Turm aus wippenden roten Pompons.

Draußen hüpften die Sänftenträger wie Affen von einem Fuß auf den anderen, um sich warm zu halten, während aus ihren Mündern weiße Rauchwolken aufstiegen, wenn sie in ihre klatschenden Hände hauchten. Die Musiker bliesen auf den Trompeten und klapperten mit den Zimbeln, um die Braut anzutreiben.

Drinnen im Haus sah Baba zu, wie die Heiratskupplerin vierzig Münzen aus der Ming-Dynastie auf ein rotes Samttuch schüttete. »Sei nicht habgierig, Mädchen«, sagte sie zu der Braut. »Nimm die Hälfte der Münzen und gib den Rest deinen alten Eltern.«

Mit einer schnellen Handbewegung angelte sich die Braut ein paar Münzen vom Tisch.

»Gutes Mädchen. Du bist wirklich unparteiisch und gerecht«, sagte die Heiratskupplerin. »Auch wenn du schon bald einem anderen gehören wirst, solltest du nicht das Haus deiner Mutter vergessen.«

Die Musik vor dem Haus wurde immer eindringlicher. Die Heiratskupplerin warf ein großes rotes Taschentuch über den Kopf der Braut; es hüllte sie ein wie strahlender Sonnenschein. Dann half man ihr in ihre Sänfte. Baba trottete jetzt neben ihr her.

Wieder wurden alle Leute geweckt, als sich die Hochzeitsgesellschaft auf den Rückweg machte. Niemand hatte wirklich etwas dagegen, nicht schlafen zu können: Man lag gemütlich unter seiner Decke und lauschte den köstlichen Mißtönen, erinnerte sich an seine eigene Hochzeit oder bekam einen kleinen Vorgeschmack auf das, was einen später selbst einmal erwartete.

Als die Hochzeitsgesellschaft am Hause der Yang ankam, wurde die Sänfte des Bräutigams durch das Haupttor getragen, das sich vor der Braut schnell wieder schloß. Es sollte die Geduld der künftigen Frau geprüft werden. Sie mußte warten und warten; sie war aufgefordert, sich im Zaum zu halten.

»*Hao le! Hao le!*« schrien die Musiker und die Sänftenträger draußen vor dem Tor. »Genug! Genug! Laßt uns rein! Sie wird eine pflichtbewußte Schwiegertochter sein! Sie hat große Geduld bewiesen! Laßt uns rein!« Immer lauter wurde ihr Geschrei. Schließlich schwang das Tor auf. Aber am inneren Tor wurde die Sänfte der Braut wieder angehalten.

»*Hao le! Hao le!*« schrien alle. »Sie wird eine einsichtige Frau sein!« (Aber in Wirklichkeit wurde die Geduld der Sänftenträger geprüft: Sie wollten ihre Fracht möglichst schnell abstellen und nach Hause gehen, um sich schlafen zu legen.) Nach einer Weile schwang auch das innere Tor auf.

In der Dunkelheit glühten Laternen. Mitten auf dem Hof, auf einem roten Teppich, stand ein Tisch mit roten Kerzen und einer Weihrauchurne.

Neben dem Tisch befand sich eine große Holzkiste, deren Öffnung mit rotem Papier verschlossen war; der Arm einer Waage ragte durch das Papier und steckte in der Hirse, mit der die Kiste gefüllt war; an dem Haken der Waage hing eine Pfanne: »Der Haken kann nicht ohne Pfanne sein, genausowenig wie eine alte Frau ohne ihren alten

Mann sein kann«, lautete ein Sprichwort – damit wünschte man dem jungen Paar ein harmonisches Leben.

Dann half man der Braut aus ihrer Sänfte und führte sie vor den Tisch, wo sie schweigend stehenblieb. Der zweite Bruder, der Bräutigam, stand mit seinem Käppchen und seinem Hochzeitsgewand links von ihr. Während die Kerzen und der Weihrauch zu Ehren von Himmel und Erde angezündet wurden, stellten sich die Musiker hinter dem Paar auf. Obwohl es noch lange vor dem Morgengrauen war, hörte Baba einen Hahn krähen.

»Der Gott des Glücks ist im Osten!« rief der Mann, der angestellt war, um das Hochzeitsritual zu vollziehen, so daß alle es hören konnten.

Der zweite Bruder verbeugte sich dreimal nach Osten.

»Der Gott des Glücks ist im Süden!«

Der zweite Bruder verbeugte sich dreimal nach Süden.

Und damit war die einfache Zeremonie beendet: Himmel und Erde hatten die Vereinigung zur Kenntnis genommen.

Die frisch Verheirateten wurden zum Brautzimmer geführt. Baba, der wie immer hinterherlief, sah, daß die Fenster und Wände neu tapeziert worden waren und daß vor dem Kang ein Vorhang, der mit einem Drachen und einem Phönix bestickt war, von der Decke herunterfiel.

Als der Vorhang geteilt wurde, kam ein großer mit Getreide gefüllter Sack zum Vorschein, der auf dem Kang lag. Die Braut, deren Kopf noch immer verhüllt war, mußte sich auf den Sack setzen, woraufhin sie, wie es der Brauch war, »auf großem Reichtum meditierte«.

Die Trompeten und Zimbeln wurden zum Schweigen gebracht. Die Familie und die Gäste saßen in den Zimmern, unterhielten sich leise, tranken Tee, warteten darauf, daß es hell wurde, die Ankündigung von drei Tagen lärmender Feierlichkeiten.

Als der gute alte Mann Sonne schließlich im Osten seinen Kopf herausstreckte, wurde die Braut von ihrer Sitzübung befreit. Erst jetzt war es dem Bräutigam erlaubt, ihr die Kopfverhüllung abzunehmen.

Nach einer strengen Regel war es das erste Mal, daß der Bräutigam das Gesicht der Braut zu sehen bekam, aber der zweite Bruder, der »kein geradliniger Denker« war, hatte Fräulein Li längst heimlich den Hof gemacht.

Kurz nachdem die Hochzeit vereinbart worden war, hatte er sich ihr in der Stadt heimlich genähert und sie viele Male zum Essen eingeladen. Er wußte sehr wohl, daß sie kein verschämtes Veilchen und auch nicht dumm war: Sie war eine fortschrittlich denkende junge Frau, die für die Stadt Xinmin als Sozialarbeiterin tätig war.

Als der zweite Bruder das Tuch von ihrem Kopf nahm, lächelte sie geziert, aber Baba glaubte nicht, daß sie beim Anblick des Bräutigams unter ihrem Rouge erröten würde. Baba hatte von ihren heimlichen Rendezvous die ganze Zeit gewußt. Er war ihnen in die Restaurants gefolgt und hatte im Gegenzug für sein Schweigen verlangt, verköstigt zu werden.

Bald darauf begannen die endlosen, schwindelerregenden Verbeugungen vor all den neuen Verwandten.

In den nächsten Tagen wurde dem jungen Paar keine Ruhepause gegönnt; Familie und Freunde spielten ihnen Streiche, legten Datteln und Kastanien – was »die baldige Ankunft von Kindern« bedeutete – in ihr Bett, so daß sie es jeden Abend ausschütteln mußten.

Am vierten Morgen nach der Hochzeit kehrte die Braut, gefolgt von den unerschütterlichen Gästen, wie es der Brauch verlangte, tagsüber in das Haus ihrer Mutter zurück. Und auch dort stürzten sich die Gäste in einem Gelage wie Heuschrecken auf das Essen. Am fünften Morgen hatten die meisten Gäste das Haus der Yang verlassen (obwohl manche auch über einen Monat blieben) und ließen das Paar ihr neues gemeinsames Leben beginnen.

Nachdem der Patriarch nun seine große traditionelle Hochzeit gehabt hatte, machte er sich wegen der Heirat seiner restlichen Enkelsöhne keine Gedanken mehr.

Seit der Hochzeit des zweiten Bruders waren fast vier Jahre vergangen, als Baba hörte, wie sich Nainai wegen der bevorstehenden Hochzeit seines dritten Bruders Sorgen machte.

»Der dritte Sohn ist ein bißchen wie ein Kohlkopf«, sagte sie. »Er wird eine starke Frau brauchen, die sich seiner annimmt.«

Baba wußte, daß das stimmte. Sein Bruder war in der Schule immer eine Beute von Angebern gewesen, und er als der Jüngere hatte die Peiniger seines älteren Bruders wegjagen müssen. Der dritte Bruder zog die Gesellschaft von Haustieren der von Menschen vor, vor allem liebte er dahintrottende alte Zugtiere. »Mutter hat recht, er ist ein Kohlkopf«, sagte sich Baba, »aber der dritte Bruder ist von unserer wilden Horde der ehrlichste.«

Als die Japaner im Sommer 1945 kapitulierten, kamen die »Großen Nasen«, wie die Russen genannt wurden, und fingen systematisch damit an, die reiche, industriell erschlossene Mandschurei auszuplündern. Als die Russen vom Schauplatz verschwanden, kämpften die Kommunisten und die Nationalisten um die Herrschaft. Und währenddessen nahm die Zahl der Rotbärte wieder zu. Sie fielen über die Landbevölkerung her, rafften die Reste zusammen, die die viel größeren Jäger übriggelassen hatten. Die Hochzeit des dritten Bruders fand vor diesem ernsten Hintergrund statt.

Ungesehen willigte Nainai für ihren dritten Sohn in ein Bauernmädchen ein. Sie hatte nicht den Mut, erst noch Einzelheiten zu erkunden, wie etwa die Ohrläppchen des Mädchens.

Das Haus der Zhang hatte große Eile, seine Tochter zu

verheiraten: Man wußte ja nie, was einem jungen Mädchen zustoßen konnte – bei den vielen hungrigen, kriegerischen Männern, die frei herumliefen.

Wie vergängliche Ware setzte ihre Familie sie eilig mit Blumen im Haar auf den Rücksitz eines Pferdekarrens und brachte sie zum Haus der Familie Yang.

Der Bräutigam verbeugte sich vor dem Himmel und der Erde; seine plumpe Braut mit ihrem breiten Gesicht verbeugte sich vor den Älteren. Dann folgte die Feier, aber es war eine einfache Sache und ging bei Sonnenuntergang zu Ende.

»Nein, was ich jetzt am wenigstens gebrauchen kann, ist eine Frau, um die ich mich kümmern muß. Bei den gegenwärtigen Verhältnissen weiß ich nicht einmal, wie ich für mich selbst sorgen soll«, sagte mein Vater 1946, in den Tagen des Umbruchs.

Aber eine Heirat war im Augenblick gar nicht die größte Bedrohung für ihn: Schon bald würde der Krieg, der immer mehr um sich griff, alles mit sich fortreißen– selbst die Aussicht auf eine traditionell ausgerichtete Hochzeit.

Erst als Baba älter war, nachdem er viele tausend Meilen zurückgelegt und das große Wasser überquert hatte und nachdem er sich auf einer relativ friedlichen Insel niedergelassen hatte, würde er seine Gefährtin finden. Mama.

Ihre Familie hetzte Hund und Gänserich auf den mittellosen Flüchtling, aber mein Vater hat sie trotzdem mitgenommen. An ihrem Hochzeitstag hatten die beiden Schuhe mit Löchern an, aber ein sauberes Hemd und eine saubere Bluse. Sie standen zusammen mit dreißig anderen Paaren in einem Standesamt und warteten auf die Trauungszeremonie.

Sie verbeugten sich alle zusammen einmal vor dem Richter. Und sie verbeugten sich alle zusammen, Männer und Frauen, einmal voreinander.

Der große Schwarze

Am Hochzeitstag des dritten Bruders, im Frühjahr 1946, kam es meinem Vater am Abend merkwürdig ruhig vor. Wie anders war es damals auf der Hochzeit des ältesten Bruders gewesen, dachte Baba. Die Dunkelheit der Nacht war von Geräuschen erfüllt, von dem Gekläff der Nachbarhunde... und, ja, auch von dem vertrauten Bellen des großen Schwarzen im Hof.

Der große Schwarze kam sehr klein auf diese Welt. Das Hündchen war nicht größer als eine Schale Hirse. Er ist wie ein geschmeidiger kleiner Bär, dachte der zwölfjährige Baba, als er ihn mit wackligem Kopf und am ganzen Körper zitternd auf seinen weichen Beinen hin und her taumeln sah.

»Ich nehme den mit den vier Augen«, sagte Baba, als er ihn sich aus einem Wurf von sechsen aussuchte. Die beiden hellbraunen Flecken auf der Stirn gaben ihm ein weises, nachdenkliches Aussehen.

Die Erwachsenen knirschten verzweifelt mit den Zähnen, denn in der Nacht wimmerte das Hündchen und rief nach seiner Mutter, so daß es sie in ihren Träumen störte. Baba nahm ihn unter seiner Decke auf, und als er sich in seinen Armen sicher fühlte, leckte er Baba am Hals und am Kinn. Der große Schwarze bekam Hirsebrei zu fressen.

Als er einen Monat alt war, baute ihm Baba aus Lehmziegeln ein Haus, das er innen mit Heu von den Pferden auskleidete. Der Hund machte seinem Namen alle Ehre, denn er riß die Ziegelsteine viermal ein, da er regelrecht aus seinem Haus herauswuchs.

Er folgte seinem jungen Herrn auf Schritt und Tritt. Wenn Baba früh am Morgen über den schneebedeckten Boden des Südgartens lief, rannte er mit flatternden Ohren und einem Weidenzweig zwischen den großen Kieferknochen hinter ihm her. Im Sommer, wenn die Jungen im Liao schwammen, hielt er am Ufer bei ihren Kleidern Wache, heulte und wimmerte mit bettelnden Augen, daß die Jungen zurückkommen sollten, wenn sie einmal zu lange im Wasser blieben.

Auf diesen Ausflügen gab Baba seinem vieräugigen Gefährten, dessen scharfe Nase bereits wußte, was es an diesem Tag zu essen geben würde, die Hälfte seines Zwiebelpfannkuchens ab. Am Abend, wenn es dunkel wurde, war die Familie immer erleichtert, wenn sie ihn mit hektisch zuckendem Schwanz zurückkehren sah, weil sie dann wußte, daß die Kinder bald nach Hause kommen würden.

In dem Jahr, in dem auf Babas unterer Gesichtshälfte Barthaare zu sprießen begannen und der große Schwarze seine volle Größe erreicht hatte, streckten die Götter Zhang, den guten Nachbarn der Familie, nieder.

Er war ein hochgewachsener, gutaussehender Mann von Mitte Vierzig, der Nachfahre einer ganzen Reihe von Heilern; sein Können lag über dem Niveau eines Kräutersammlers vom Dorf, aber unter dem eines Stadtarztes. Er war ein gebildeter Mann mit künstlerischen Neigungen und einer bewundernswert schönen Handschrift.

Zhang reiste über die Landstraßen, manchmal bis zu zwei Monate, um in den Dörfern seinem Gewerbe nachzugehen. Er trug ein langes Gewand, wie es Gelehrte anhaben, und lärmte mit seinem eisernen *chuanling*, einem hohlen, faustgroßen Ring, der Eisenkugeln enthielt. Wenn die Dorfbewohner das laute *ga-lang, ga-lang, ga-lang* hörten, wußten sie, daß der Heiler angekommen war.

Am Ende seiner Reisen kehrte Zhang stets mit einem vollen Geldbeutel zurück, aber er und seine Frau und ihre beiden Söhne lebten bescheiden von den Kürbissen und Auberginen aus ihrem Garten. Baba lud sich oft selbst zum Abendessen an ihren Tisch ein, um den Geschichten von den Abenteuern des reisenden Doktors zu lauschen.

Als sein ältester Sohn einundzwanzig wurde, beschloß Zhang, ihn auf eine Reise mitzunehmen, weil er den Wunsch hatte, sein Wissen von der heilenden Kunst an die nächste Generation weiterzugeben. Sie überquerten den Fluß Liao und kamen zu dem Dörfchen Daming am südlichen Ufer. Der Sohn ging respektvoll hinter seinem Vater her und trug den Lederkoffer mit den Flaschen, in denen die wertvollen Kräuter waren.

Die Dorfbewohner luden den Heiler in ihre Häuser ein. Wenn jemand einen rauhen Hals hatte, schüttete Zhang ein weißes Pulver in eine dünne Metallröhre und blies das bittere Zeug durch den weit geöffneten Mund des Patienten bis tief in seinen Hals; die Medizin enthielt Kampfer, »süßes Gras«, und Ingwer. Gegen andere Schmerzen und peinliche Blähungen verschrieb er fünf kleine schwarze Pillen, die fünfmal täglich geschluckt werden mußten. Die scharfe Mischung enthielt Holzteer und Lakritze, deren Geruch tagelang an den Händen haftenblieb, selbst wenn man sie sich häufig geschrubbt hatte. Für eine Beule im Gesicht holte Zhang seine praktische Lanzette heraus. Und wenn die Heilkünste des guten Doktors dem Mann nicht helfen konnten, würden sie ihn auch nicht gleich umbringen. Er bekam bezahlt, was seine Patienten für angemessen hielten.

Die Reise nach Daming hatte sich gelohnt: Zhang hatte den Bürgermeister von den Schmerzen in seinen arthritischen Gelenken befreit und war großzügig belohnt worden. Vater und Sohn machten sich auf die Heimreise.

Aber zu ihrem Kummer war der Liao von den Regenfällen flußaufwärts aufgewühlt und angeschwollen. Rund um die Fähre herum brodelte das Wasser, als sie versuchten, an das nördliche Ufer zu gelangen. Um alles noch schlimmer zu machen, war ein Wind aufgekommen, und die Zweige der Weiden an den überschwemmten Ufern peitschten durch die Luft. Vielleicht waren die Insassen von irgend etwas, das auf den schäumenden Wassermassen hüpfte, abgelenkt worden; daran konnte sich hinterher niemand mehr so genau erinnern. Aber plötzlich legte sich das Boot auf die Seite und kippte um. Dem Sohn gelang es, sich über Wasser zu halten, indem er sich an dem Boot festhielt, als es flußabwärts gerissen wurde. Er kehrte allein nach Hause zurück.

Wenn ein Mann stirbt, tritt seine Seele in *feng du cheng* ein, die Geisterstadt. Am siebenten Tag steigt die Seele des Verstorbenen auf ein hohes Podest und blickt herab auf sein Heimatdorf. Wenn die richtigen Beerdigungsrituale verrichtet werden, verläßt seine Seele das Podest und klettert entweder hinauf in den Himmel oder steigt hinab in die Hölle (um dort bestraft zu werden und in den Körper eines niedrigen Tieres einzugehen). Aber wenn seine Familie die letzten Riten nicht ordnungsgemäß durchführt, ist seine Seele dazu verdammt, seinen alten Wohnort heimzusuchen.

Da Zhangs Körper an den Ufern des Liao nirgends gefunden wurde, hoffte seine Familie auch weiterhin, daß er zurückkehren würde.

Sieben Tage nach dem Unglück, kurz nach Mitternacht, begann der große Schwarze zu bellen. Es war nicht das aggressive Schnappen nach einem anderen Hund, noch war es das langgezogene heulende Gebell, mit dem er einen zweibeinigen Eindringling verjagen wollte. Nein, die Leu-

te sagten, es wäre der nicht so schnelle, nicht so langsame Tonfall eines Hundes, der Kräfte anbellt, die die Lebenden nicht sehen können.

»Pst, ruhig, Junge. Sei still, großer Schwarzer. Du weckst ja alle auf«, sagte Baba. Aber obwohl er ihn beruhigend tätschelte und auf ihn einredete, hörte das klagende Gebell des großen Schwarzen nicht auf. Zwischendurch hielt er manchmal inne, reckte den großen Kopf in die Höhe und sah Baba mit seinen vier Augen fest an.

»Hör auf, dich zu ärgern, junger Herr, ich weiß, was ich tue«, schien er zu sagen. »Es gibt Dinge auf dieser Welt, die du nie verstehen wirst.«

Ein anderer Hund der Familie, ein kleiner gelber, stimmte in sein Gebell ein, so daß sie nun gemeinsam jaulten und kläfften und die Nasen nach Süden ausstreckten, wo die Zhangs wohnten.

In der dritten Nacht nach diesem seltsamen Ereignis setzte sich der Patriarch im Hause der Yang zu seiner daoistischen Meditation hin. Sein Geist entfloh aus seinem Kopf und flog hinaus in die kühle Nacht, wo der Geist über dem Dach des Hauses, in dem die Familie Zhang wohnte, die verschwommene stofflose Form eines Bootes annahm – nur für einen kurzen Augenblick sichtbar, bevor es wieder verschwand. Am Bug des geisterhaften Boots schwebte die Gestalt eines Mannes, dessen milchigblaues Gesicht so straff gespannt war wie eine Trommel; aus seinen langen wirren Haaren kullerten Perlen aus braunem Wasser.

Nachdem ihm der Patriarch von seiner Vision erzählt hatte, wagte es Baba nicht, in den Hof zu gehen, um den großen Schwarzen zum Schweigen zu bringen; er öffnete das Fenster ein kleines Stück, um aus der Sicherheit des Hauses nach draußen zu spähen.

»Geh morgen zu der Frau von Zhang und sag ihr, daß ihr Mann nicht länger unter den Lebenden weilt«, sagte der Patriarch zu ihm. »Sag ihr, daß sie nach den Mönchen schicken soll. Sie müssen die Sterberituale vollziehen, sonst wird niemand Frieden finden.«

Vierzehn Tage nach dem Verschwinden des Heilers in den Gewässern des Liao ließen sich neun Mönche in Grau, Braun und Gold mit untergeschlagenen Beinen auf dem Kang seines Hauses nieder, ihre Gestalten verschwammen in den dicken Weihrauchschwaden, die im Zimmer hingen; sie sangen buddhistische Texte und schlugen von Mittag bis Mitternacht auf den Gong und die Trommel, während die Familie sich vor ihnen verbeugte, ihnen Essen anbot, Kerzen anzündete und für den Toten Geistergeld verbrannte.

Ein dicker runder Mond wachte über das Schweigen, als die lauten Rituale zu Ende waren. Der große Schwarze lag in seinem Haus aus Lehmziegeln, sein Kopf ruhte auf den Vorderläufen, seine vier Augen waren im Schlaf geschlossen.

Als Baba siebzehn wurde und der große Schwarze das ansehnliche, ungestüme Alter von fünf erreicht hatte, kapitulierten die Japaner. In jenem Herbst, im Jahre 1945, drangen nach und nach Soldaten der chinesischen Kommunisten in die Stadt ein.

Ihre erste Aufgabe war es, alle Hunde einzufangen. Sie banden ihnen alle vier Beine zusammen und warfen sie auf Lastwagen.

»Hunde sind Diener der Feudalherren«, sagten sie. Was sie nicht sagten, war, daß die Soldaten in der Dunkelheit, wenn die Sinne der Hunde geschärft waren, auf der Suche nach Beute durch die Stadt streiften.

Innerhalb weniger Tage waren sämtliche Hunde aus der Stadt verschwunden. Die Stille störte alle in ihren Träumen.

Yuan der Idiot

»Teufel werden das Mittlere Königreich regieren. Macht euch bereit, sage ich! Laßt alle weltlichen Illusionen fahren – gebt all eure Besitztümer auf! Macht euch bereit! Macht euch bereit!« Diese Worte und der sonderbare Bursche, der sie murmelte, erinnerten meinen Vater an die Tage der Trauer um den großen Schwarzen. Obwohl die Leute »Idiot Yuan« zu ihm sagten, war es nicht böse gemeint.

»Ah, Idiot Yuan, ich hatte gehofft, daß du kommen würdest. Willkommen, alter Freund«, hatte Baba oft den Patriarchen sagen hören. Und als Antwort darauf strömte aus dem großen froschartigen Mund des Mannes leeres Gelächter, wie das Rascheln von Samenhülsen im Wind.

Der Idiot Yuan hatte eine Seidenkappe auf seinen dichten langen Haaren, die an den Schultern abgeschnitten waren – Haare, so schwarz, daß sie alles Licht verschluckten. Er schniefte und schnaubte, so daß man immer darauf wartete, aus seiner Nase Flüssigkeit rinnen und in seinen langen dünnen Bart tropfen zu sehen. Seine großen blutunterlaufenen Augen waren von vorstehenden braunen Wülsten überschattet, über denen wie rote Schnüre zwei senkrechte Adern pulsierten. Auf seinem dunklen Gesicht lag immer das gleiche dümmliche kleine Lächeln, das nie verschwand.

210

Baba glaubte, daß er sein Lager zwischen Spinnweben in einer Ecke des Tempels für den König der Hölle oder in irgendeinem anderen der zahlreichen Schreine in Xinmin aufschlug.

Die Kinder schienen immer zu wissen, wo er gerade war. Sie liefen, in sicherem Abstand, hinter ihm her, wenn er durch die Straßen schlurfte, und sangen: »Er kommt! Er kommt! Yuan der Idiot! Der Idiot Yuan!«

Der Mann kümmerte sich wenig um sie; wenn er ging, hatte er die Augen auf etwas gerichtet, das jenseits der Ewigkeit lag. Gelegentlich drehte er sich um und fuchtelte aufgeregt mit seinem Gehstock durch die Luft, als wollte er Mücken verjagen. Die Kinder, die ihn ärgerten, damit er irgend etwas tat, quietschten und kreischten vor köstlicher Furcht. Aber er ging ruhig weiter.

Wie der Idiot Yuan für seinen Lebensunterhalt sorgte, wußte niemand genau. Man hatte ihn noch nie beim Betteln gesehen. Und er war auch noch niemals des Diebstahls bezichtigt worden.

Eines Sommers sah ihn Baba in Lumpen als *kailugui* – der Teufel, der den Weg freimacht – an der Spitze der Beerdigungsprozession eines reichen Mannes tanzen und Grimassen ziehen, um die vielen Neugierigen, die den Weg versperrten, auseinanderzutreiben.

Es war das einzige Mal, daß Baba ihn jemals anders sah, als er sich sonst benahm: Sein Gesicht war grün angemalt, seine Augen quollen ihm aus dem Kopf, und er knirschte mit den Zähnen.

Ga-ga-ga, er hörte sich an wie ein langer Stock, der auf einen Holzblock geschlagen wird, als er vor den Trompetern, den murmelnden Mönchen und dem geschmückten Sarg, der aus teurem Zedernholz gemacht war und von sechzehn Sargträgern getragen wurde, herumsprang.

Damals, im Winter 1942, auf der Hochzeit des ältesten Bruders, wurde der Idiot Yuan, als Baba und eine seiner

Schwestern sich an einen der vielen Bankett-Tische zum Essen hinsetzten, in die Halle geführt. Zum großen Kummer der Kinder bekam er einen Platz an ihrem Tisch. Die beiden grapschten sich schnell einen Teller und stürzten an die andere Tischseite.

Yuan der Idiot machte viele Geräusche über seiner Schüssel: Er schlürfte und schmatzte, als er seine Suppe aß. Seine Eßstäbchen verfingen sich in seinem Bart. Ab und zu verschnaufte er, hob die Augen und sah die Kinder mit einem leeren Blick an und lachte sein leeres, rasselndes Lachen, als hätte er sie gerade erst bemerkt.

Die Kinder, denen der Appetit vergangen war, aßen schnell auf und ließen ihn allein am Tisch sitzen, wo er daoistische Gebete murmelte, während er sich das Essen schmecken ließ.

»Warum muß Großvater immer diesen Mann einladen? Sieht er denn nicht, wie dreckig er ist?« fragte Baba.

»Er stinkt wie ein Fuchsbau«, sagte seine Schwester.

Aber der Idiot Yuan wurde vom Patriarchen sehr bewundert – einem Mann, der selbst *weiyan* besaß, eine Aura, so gewaltig, daß sie ihm, ohne daß er auch nur das Geringste zu tun brauchte, in einer großen Menschenmenge auf dem Bahnhof den Weg freimachte; Offiziere des Militärs boten ihm ihren Platz an, wenn der stattliche alte Herr ihr Eisenbahnabteil betrat.

Obwohl er sonst keine schlechten Manieren duldete, schien der Patriarch gegenüber den vielen häßlichen Gewohnheiten des Idioten Yuan merkwürdig blind zu sein. Wann die beiden Freunde geworden waren, wußte Baba nicht; höchstwahrscheinlich, als der Patriarch damit begonnen hatte, Reichtum, Prestige und Macht anzusammeln, und schon ein hohes Alter erlangt hatte, umgeben von seinen erwachsenen Kindern und deren großen Kinderscharen; das heißt, als er sich der daoistischen Lehre zuwandte.

Jeden Herbst, wenn sich Frost auf die Auberginen legte, kam der Idiot Yuan zu Besuch. Wenn er das Haus der Yang betrat, erwies er der Familie als erstes seinen Respekt, indem er an ihrem Altar zu Buddha betete.

»Komm herein. Komm herein, lieber Freund«, sagte der Patriarch und führte den Mann in sein Arbeitszimmer, lud ihn ein, als Ehrengast auf einem der »acht unsterblichen Stühle« Platz zu nehmen.

»He, Großpapa«, pflegte der Idiot Yuan dann zu sagen. »Die harten Winde des Herbstes sind wieder über uns gekommen...« Das bedeutete, daß er wegen seiner Wintersachen gekommen war.

Wie in all den früheren Jahren hatte der Patriarch einen schweren Mantel, eine wattierte Jacke und eine Hose für ihn auf die Seite gelegt, die ihn durch den Winter bringen würden. Aber bis es Sommer wurde, hatte der Idiot Yuan alles schon wieder verkauft.

Die beiden Männer redeten stundenlang miteinander, tauchten in das Geheimnis des Dao ein.

Während der Idiot Yuan redete, fuhr sein rechter Arm in den Kragen seiner Jacke und strich ausgiebig an seinem Körper entlang auf der Suche nach Ungeziefer. Einmal sah Baba, wie er eine Laus hervorholte, seine Kappe abnahm, das Tier oben auf seinen Kopf setzte und dann die Kappe darüberstülpte.

»Warum hast du sie nicht zwischen deinen Fingern zerdrückt?« fragte Baba. »Warum hast du sie nicht getötet?«

»*Sui tu bu fu*«, erwiderte der Mann. »Dieses Ungeziefer wird Schwierigkeiten haben, sich an das Wasser und den Boden seines neuen Heims zu gewöhnen, und eines friedlichen natürlichen Todes sterben.«

Der Patriarch, der in allem nur schwer zu befriedigen war, strich sich über seinen feinen weißen Bart und lachte mit Fältchen in den Augenwinkeln.

Manchmal saßen sich die beiden Männer mit geschlos-

senen Augen gegenüber: Sie kommunizierten von Geist zu Geist; was von ihnen übrigblieb, waren nur die Hüllen, ihre Seelen schwebten irgendwo über ihren Köpfen unter der Decke.

Wenn seine Seele seinen Körper verließ, konnte der Idiot Yuan die frühere Inkarnation eines Menschen sehen.

»Sag mir, woher meine Seele gekommen ist«, forderte der Patriarch.

Der Idiot Yuan verdrehte die Augen, die beiden roten Adern auf seiner Stirn pochten heftig, als er langsam die Augen schloß, um zu meditieren.

»Du bist die vierzigste Inkarnation von Tang Minghuang, dem Kaiser, der während der glorreichen Tage der Tang-Dynastie an der Macht war.« (Diese Enthüllung gefiel dem Patriarchen natürlich ungeheuer gut.)

»Erzähl uns, was die beiden kleinen Rettichköpfe waren«, sagte der Patriarch und deutete auf Baba und seinen dritten Bruder, die das Privileg genossen, das Arbeitszimmer betreten zu dürfen, um Wasser zu kochen und Tee aufzugießen. Wieder verdrehte der Idiot Yuan die Augen und meditierte.

»Heh heh, ha ha. Dieser hier war der junge Begleiter, dem Flügel wuchsen und der sich in einen Kranich verwandelt hat und der vor dem alten Mann Langlebigkeit davongelaufen ist.« Er klopfte mit seinen dunklen Händen auf Babas Kopf.

»Und der hier war eine Wildgans.«

Baba war verblüfft. Woher wollte er das wissen? Wie konnte er zu den gleichen Schlüssen gekommen sein? Denn vor gar nicht so langer Zeit hatte ihr Großvater über ihre Vergangenheit nachgedacht und ganz genau die gleichen Visionen gehabt.

Der Idiot Yuan konnte aber nicht nur in die Vergangenheit sehen, er konnte auch in die Zukunft blicken.

»Alter Großpapa«, sagte er bei einem späteren Besuch mit leiser Stimme, »gestern nacht, als die drei Sterne – des Orion – um Mitternacht direkt über unseren Köpfen waren, habe ich gesehen, wie sich die Tore der Hölle aufgetan haben und all die hungrigen Teufel herausgequollen kamen. Ich sage dir, nicht lange, und es wird Wahnsinn unter dem Himmel herrschen. Dämonen werden die Herrschaft über das Reich der Mitte für sich beanspruchen. Macht euch bereit, sage ich! Gebt alle irdischen Trugbilder auf –

laßt alles fahren! Entledigt euch des Wohlstands, der euer Verderben sein wird. Macht euch bereit!«

An einem Frühlingstag des Jahres vor der Kapitulation der Japaner, als eine kleine Brise durch die Ähren auf den Feldern strich, sah man auf der Straße zwei Fremde in die Stadt kommen. Sie waren wie Bettelmönche in Lumpen gekleidet. Der eine hatte wirres Haar, lang und verknotet, und er humpelte mit einer Krücke unter dem Arm; der andere, dessen Schädel geschoren war, schwang einen langen knorrigen Stab.

»Wir haben auf der ganzen Welt nach dir gesucht, Bruder Yuan«, hörte man den Humpelnden sagen, als sie Yuan an einer Straßenecke trafen. »Der Meister wartet ungeduldig auf deine Rückkehr.«

»Ja, der Meister sagt, du wärst schon zu lange fort. Deine Zeit hier ist vorbei. Du hast genug getan«, sagte der mit der Glatze.

Yuan der Idiot antwortete ihnen nicht. Er lachte nur, als hätte der Wind seinen Geist verwirrt.

In der Dämmerung sah man die drei langsam die Hauptstraße hinuntergehen, kleine schwarze Silhouetten vor der sinkenden Sonne.

Und das war das letzte Mal, daß irgend jemand in Xinmin das irre Lachen des Idioten Yuan gehört hat.

»Kein Grund, sich über ihn lustig zu machen – an dem Mann ist mehr, als ihr glaubt«, sagte der Patriarch zu Baba.

In jenem Herbst kam Yuan nicht in das Haus der Yang, um sich seine Wintersachen zu holen.

»Eines Tages, wenn ich bereit bin«, hörte mein Vater den Patriarchen wie zu sich selbst murmeln, »wenn ich bereit bin, allem zu entsagen – werde ich ihm auf der Straße ins westliche Paradies folgen.«

Der Patriarch ahnte nicht, daß ihm keine Zeit bleiben würde, sich darauf vorzubereiten. Nicht lange, und es würden sich die Tore der Hölle auftun.

Alarm in der Nacht

 Als mein Vater dreizehn war, befahlen die Japaner allen Kindern in der Schule, Poster zu malen, auf denen Churchill als Kürbis, Roosevelt als Rettich und Chiang Kai-shek als Aubergine dargestellt waren, und ihre Gesichter sollten sie mit kleinen weißen Kreuzen aus Verbandzeug bedecken: Die Japaner prahlten mit den Niederlagen, die sie ihren Gegnern zugefügt hatten. Die Poster wurden in der Schule und in der ganzen Stadt an den Wänden aufgehängt.

»*Huh*, Tojo, der japanische Premierminister, ist auch nicht schöner als diese drei. Sein Kopf sieht aus wie ein Ei mit Brille. Gegen die vereinten Kräfte von Kürbis, Rettich und Aubergine wird das Ei sicherlich verlieren«, flüsterten sich die Menschen zu.

»Das Leben wird schön sein, wenn die Japaner erst einmal weg sind. Dann gehört die Mandschurei wieder uns«, sagten sie.

Aber auch als im August 1945 die Atombomben auf Japan fielen, gab es für die Einwohner der Mandschurei keinen Frieden. Der Idiot Yuan war verschwunden, aber seine Prophezeiung vom »Wahnsinn unter dem Himmel« klang Baba noch laut in den Ohren; jetzt schien sie wahr zu werden.

Unmittelbar nach der japanischen Niederlage trafen die

Sowjetrussen in der Mandschurei ein, wie Geier vom Geruch des Todes angezogen. Die ahnungslose chinesische Bevölkerung hieß sie als Befreier willkommen.

(Anfang des Jahres waren Roosevelt, Churchill und Stalin auf der Konferenz in Jalta heimlich übereingekommen, die russische Unterstützung gegen die Japaner mit der Wiederherstellung der russischen Präsenz in der Mandschurei zu belohnen.)

An dem Nachmittag, an dem die Russen in Xinmin eintreffen sollten, wartete Baba mit der Menschenmenge, die von der lokalen Vereinigung der Geschäftsleute organisiert worden war, am Nordtor der Stadt, um sie zu begrüßen.

In der Ferne war von dem sich nähernden russischen Heer nichts als eine wogende gelbe Staubwolke zu sehen – ein Teil der Armee, die aus der Mongolei gekommen war.

Durch die schmalen Straßen rumpelten russische Panzer. Es waren große, häßliche Dinger, die in der großen Eile auf dem Sprung nach Asien an einigen Nahtstellen nicht richtig zusammengeschweißt waren und aussahen, als wären sie mit frischen Wunden bedeckt.

Das Volk winkte und jubelte, als die dunkelhäutigen Russen mit dicken Armen und noch dickeren Beinen aus den Panzern kletterten und von Jeeps und Motorrädern sprangen. Ihre Gesichter und ihre Fahrzeuge waren mit hellgelber Erde überzogen, so als wären Männer und Maschinen aus der gelben Steppenerde geformt.

Die Bürger von Xinmin streckten die Arme aus, um ihren Befreiern die Hände zu schütteln. Aber anstatt den Händedruck zu erwidern, streckten die Russen mit schnellen Blicken die Hände aus, um sich von den Handgelenken die Uhren und aus den Hemdtaschen die Füllfederhalter der erstaunten Menschen zu schnappen, die sie willkommen hießen. Was nicht verwunderlich war: Viele Jahre später erfuhr Baba, daß man diese Soldaten aus den Gefängnislagern in Sibirien rekrutiert hatte.

»Die Großen Nasen sind hier! Die Großen Nasen sind hier! Aber sie haben uns unsere ganzen Wertsachen weggenommen!« schrien die in Panik geratenen flüchtenden Menschen. Eine regelrechte Hysterie breitete sich in der ganzen Stadt aus. Die Ladenbesitzer machten ihre Geschäfte zu und verriegelten die Stahltüren.

Die Russen begannen systematisch, die Mandschurei auszuplündern, indem sie Maschinen und Warenlager abtransportierten. Ganze Fabriken wurden abgebaut und weggeschafft.

Die Menschen sagten, es wäre, als hätte man die Uhren zweihundert Jahre zurückgedreht: Elektrische Schienenwagen verrosteten in den Depots, weil man die Generatoren nach Rußland abtransportiert hatte; Telefonleitungen wurden gekappt; Radiostationen wurden dichtgemacht; es konnten keine Zeitungen mehr gedruckt werden; das trübe gelbe Licht der Notbeleuchtung – Reisschalen mit Sojabohnenöl und Dochten aus Bindfäden – warf unheimliche Schatten.

Niemand ging bei Nacht aus dem Haus. An vielen Abenden saßen die Leute im Dunkeln, sie hörten ganze Häuser einstürzen, es hörte sich an wie das Brechen von Knochen, das Zerreißen von Sehnen; die Gebäude stürzten wegen der sorglosen Manöver russischer Panzer in den engen Straßen ein. Mädchen, die während des Tages aus dem Haus zur Arbeit gingen, schnitten ihre langen Zöpfe ab, um nicht die starrenden Blicke beutehungriger Soldaten auf sich zu ziehen.

Eines Abends, als Babas Familie gerade mit dem Abendessen fertig war, war vom Nordgarten her ein durchdringender Schrei zu hören. Als die Männer hinausliefen, fanden sie dort einen einzelnen russischen Soldaten vor, der mit dem Gewehrkolben gegen einen hohen Stoß Brennholz schlug.

Ein fünfzehnjähriges Mädchen, dessen Familie das Badehaus in der Nachbarschaft unterhielt, hatte sich vor dem Soldaten unter dem Brennholz zu verstecken versucht, war aber von ihm aufgestöbert worden. Sie war nicht verletzt, aber so erschrocken, daß sie sich, steif wie eine Keramikpuppe, auf den Boden warf.

Der Soldat sah sich von Männern mit Messern, Schaufeln und Hacken umringt. Am Himmel funkelten die Sterne wie Kieselsteine. Das leise Wimmern des Mädchens war das einzige Geräusch, das zu hören war.

Der russische Soldat schrumpfte in sich zusammen. Der Jäger war zur Beute geworden. Er stieß unverständliche Laute aus und gestikulierte mit den Händen, als wolle er sagen: »Ich habe mich verlaufen. Ich bin weit weg von zu Hause...« Er wurde durch das Gartentor hinausgeführt.

Inzwischen hatten sich die Großmütter, Tantchen, Mütter und Schwestern aus dem Haus der Yang hinter einer Mauer verschanzt, um sich vor dem, wie sie glaubten, sicheren Ansturm einer barbarischen Horde in Sicherheit zu bringen.

»Die Gefahr ist vorüber! Ihr könnt alle wieder rauskommen!« rief Baba ihnen zu. Aber sie harrten in der Dunkelheit aus und weigerten sich, aus ihrem Versteck zu kommen. Es dauerte viele Stunden, bis sie, eine nach der anderen, wie eine Schar Wachteln aus dem Unterholz, wieder zum Vorschein kamen.

Seit einer Zeit, an die sich die Flüsse und Hügel nur noch schwer erinnern können, gab das Volk im Reich der Mitte, wenn sich der Schatten einer Sonnen- oder Mondfinsternis über dem Himmel ausbreitete, dem hungrigen »Himmelshund« die Schuld daran. Um das Ungeheuer dazu zu bewegen, seine Beute freizugeben, schrie und lärmte das Volk, und seine Schreie übertönten wild und schrill das unaufhörliche Trommeln auf Becken, Wannen und Pfannen. Dieses Mittel wirkte immer, um die Sonne oder den Mond zurückzubringen.

Jetzt, da die Großen Nasen mit ihren Untaten den Himmel verdunkelten, holten die Leute die einzigen Waffen hervor, die sie besaßen. Wann immer in der Nacht Unheil drohte, veranstalteten die Nachbarn einen großen Lärm, um die Räuber in die Flucht zu schlagen.

Niemand wußte, welcher kluge Mensch zuerst auf diese Idee gekommen war, aber seit dem Eintreffen der Russen waren über dem Getöse von Töpfen und Pfannen auch die lauten Töne der Hörner zu hören, die aus großen Glasflaschen ohne Böden gemacht waren. Es war beunruhigend, mitten in der Nacht von den tiefen klagenden Tönen geweckt zu werden. Wenn der tiefe verzweifelte Ruf eines Horns in der Ferne von einem Dach erklang, stimmte ein anderes mit ein, und dann noch eins und immer mehr: Jede Familie war eine Insel in einer trüben schwarzen See, aber im Kampf gegen einen gemeinsamen Feind vereint. Der Himmel über Xinmin war erfüllt von langen hohlen Klagelauten, die einem kalte Schauer über den Rücken jagten und Freunden wie Feinden selbst bei warmem Wetter das Blut in den Adern gefrieren ließen. Nicht lange, und die ganze Stadt war von dem nächtlichen Alarm erfüllt.

In vielen Nächten begleitete Baba seinen dritten Bruder, der mit seinen geschickten Händen mehrere Hörner angebracht hatte, auf das Dach, um auf den Alarm aus der Ferne zu warten.

Etwas anderes als diese einfachen Instrumente besaßen die Menschen nicht, um einen Krieg gegen die Großen Nasen zu führen. Doch die Töpfe, Pfannen, Becken und Hörner übten nur im Dunkeln eine Wirkung aus.

Als Babas scharfe Ohren an einem Tag im September Schreie und Gewehrschüsse in der Nordstraße hörten, lief er trotz aller Warnungen der Familie los, um nachzusehen, was dort geschah.

Es wurden mehrere verwundete Männer weggetragen, und am Eingang zu einer schmalen Gasse lag ein Junge, der ungefähr im selben Alter war wie Baba. Auf dem dunklen Gesicht des Jungen glitzerten Schweißperlen. Seine verkrampfte Hand bemühte sich, das Blut einzudämmen, das durch sein Hemd sickerte und auf seinem Bauch eine schwarze Pfütze bildete. Auf der Straße hatte sich eine Menschenmenge versammelt gehabt, um die Bewegungen der Russen zu beobachten. Neugierig hatte man auf die Männer mit den hellen Augen, die wie blaues Glas waren, und deren Haare wie verwelktes Gras aussahen, gestarrt, als die Soldaten das Feuer eröffneten.

Dicht auf den Fersen der Russen folgten in jenem Herbst 1945 die chinesischen Soldaten; aber es waren nicht die Truppen der Zentralregierung.

Sie erschienen nicht als Truppenkontingente, sondern tröpfelten nach und nach in Gruppen von vier oder fünf Mann in die Stadt. Es war das erste Mal, daß man auch weibliche Soldaten sah – hübsche Frauen mit energischen Schritten, die ihr Haar in einem Knoten trugen; über ihren olivgrünen Uniformen hatten sie breite Gürtel mit Halftern, in denen Pistolen steckten, die mit grellen roten Schärpen verziert waren.

Die Russen gaben die Waffen, die sie von den Japanern erhalten hatten, den Männern und Frauen von der 8. Straßenarmee, wie sie sich nannten. Diese Soldaten sagten, sie wären Anhänger des Kommunismus.

Was ist Kommunismus? fragten die Menschen.

Sie sagten ihnen, sie würden an Mao Zedong glauben.

Wer ist Mao? Wir haben nur von Chiang gehört, dem Vorsitzenden der Zentralregierung, erwiderten die Menschen.

Die Kommunisten gründeten die Gesellschaft für Sino-Sowjetische Freundschaft und hängten in der ganzen Stadt Plakate auf, um die Menschen zu beruhigen. »Unter dem Kommunismus wird alles gut werden. Das Volk muß wie-

222

der an die Arbeit gehen; das Volk muß sein Leben wieder weiterführen wie zuvor«, war darauf zu lesen.

Aber wer könnte ihnen, die die Russen als ihre Freunde bezeichneten, trauen? flüsterten sich die Menschen zu. Die Männer und Frauen der Mandschurei starrten angestrengt über die weiten Ebenen ihres Landes, bis ihnen die Augen brannten, und warteten auf die Befreiung, warteten auf die Truppen der Zentralregierung. Sie warteten mit klopfenden Herzen in einer trostlosen Leere.

Später im Jahr, kurz vor dem ersten Schneefall, kamen die Nationalisten endlich. Sie hatten auf dem ganzen Weg von Shanhaiguan, im Süden der Großen Mauer, gegen die Kommunisten gekämpft.

Als erste kamen die kleinen dunklen Männer aus der Provinz Guangxi, tief im Süden. Sie redeten in einem abgehackten Dialekt, den die mandschurische Bevölkerung, die Mandarin sprach, nicht verstand. Sie begannen schnell und eifrig Waffen aus den Zügen zu laden. An ihren dünnen Körpern hingen Uniformen, die für amerikanische Soldaten geschneidert worden waren, so daß es aussah, als würden nicht sie die Uniformen, sondern die Uniformen sie tragen.

Ehrfürchtig sah das Volk der Mandschurei zu, wie diese *houzi bing* – Affensoldaten – in großen schwarzen Gummistiefeln mit ihren Jeeps durch die Stadt rumpelten.

»Gütige Mutter! Die Nationalisten haben uns Affen geschickt!« riefen sie. »Chiang Kai-shek muß ein mächtiger Zauberer sein, wenn er Affen zum Kämpfen abrichten kann.« Sie glaubten wirklich, daß es Affen wären, bis sie die Gelegenheit hatten, sie aus der Nähe zu betrachten.

Die Nationalisten kämpften sich nach Norden bis Shenyang, Changchun und Jilin durch. Aus fernen Provinzen trafen noch weitere Rekruten ein. Sie waren zahlenmäßig weitaus mehr als die Kommunisten, die sich aufgelöst und aufs Land zurückgezogen hatten.

Als die öffentlichen Gebäude voll waren und keine Truppen mehr aufnehmen konnten, belegten die Soldaten der Nationalisten Privathäuser, um dort ihr Quartier aufzuschlagen.

»*Jung min he zuo*« – die Soldaten und die Bevölkerung werden zusammenarbeiten – lautete ihr Slogan.

Außer der Bürde, den Truppen Unterkunft zu gewähren, bekam jede Familie den Befehl, einen ihrer Angehörigen zur Verfügung zu stellen, um beim Ausheben der Gräben zu helfen, die zur Verteidigung vor den Kommunisten rund um die Stadt gezogen wurden. Jeder war angehalten, eigene Werkzeuge und Verpflegung mitzubringen. Während Baba und die Männer arbeiteten, um die Gräben im Süden ihres Hauses auszuheben – und ihnen unter den Winterkleidern der Schweiß am Körper herunterrann und in den Augen brannte –, standen die Soldaten, fluchend und scheltend, mit verschränkten Armen oben am Rand des Grabens.

Schon bald wurde das ganze Ausmaß an Korruption offensichtlich, das bei den Nationalisten herrschte: Wenn die Anwesenheitsliste verlesen wurde, mußten die Zivilisten für Truppenteile antreten, die nur auf dem Papier existierten. Eine Gruppe von zwölf Männern wies in Wirklichkeit vielleicht nur sieben oder acht auf. Die Führer verdienten an dem zusätzlichen Geld, der Nahrung und der Kleidung, die sie daraufhin erhielten.

Solcherart als Ersatz zu dienen, wozu man den einfältigen dritten Bruder gezwungen hatte, war gefährlich. Viele von ihnen wurden gewaltsam entführt, um in entfernten Gebieten als Kulis zu arbeiten. Zum Glück gelang es dem dritten Bruder, wieder nach Hause zu kommen.

Anfangs versprachen die Nationalisten, für das Vieh zu zahlen, das sie den Familien wegnahmen, in deren Häusern sie einquartiert waren, aber am Ende bedienten sie sich einfach von allem wie Frettchen im Hühnerstall. Die Soldaten nahmen dem Nachbarn Wang seine kostbaren Vögel weg. Als Baba ihn begleitete, um Entschädigung zu verlangen, sagte der Feldwebel:

»Bist du ein Mann?«

»Ja, natürlich«, sagte Wang.

»Sind die Soldaten Männer?«

»Ja, natürlich.«

»Ißt du gerne ein Huhn?« fragte der Feldwebel.

»Ja, sicher.«

»Nun, da die Soldaten Männer sind, sollte klar sein, daß sie genauso gern ein Huhn essen, wie du es tust. Welches Verbrechen haben sie also begangen?« Und damit war die Angelegenheit erledigt.

Die beiden Pferde, die dem Haus Yang noch geblieben waren, wurden »ausgeliehen« und kehrten nie zurück. Sie waren den Weg der Hühner, Enten, Gänse und Schweine gegangen. Bald waren die einzigen Lebewesen auf dem Grundstück die Familienangehörigen selbst.

Als die Kommunisten auf dem umliegenden Land die Eisenbahnstrecken unterbrachen (meistens entfernten sie in der Nacht die Gleise und vergruben sie), wurden die Versorgungstransporte immer spärlicher; das Korn in den Silos nahm erschreckend schnell ab.

Nationalistische Flugzeuge aus der Provinz Hebei warfen Pakete mit Nahrungsmitteln ab, aber der Wind trug sie auf und davon bis auf das kommunistische Territorium.

Als der Brennstoff knapp wurde, verschwanden die Bäume so schnell, als hätten die Backenhörnchen sie wie Blumen gepflückt. Die Soldaten im Haus der Yang trugen die Möbel hinaus und rissen das schöne Gitterwerk über den Fenstern und Türen, Türschwellen, Dachsparren und Balken heraus, um damit Feuer zu machen. Die Menschen genossen auch keine bessere Behandlung als die Tische und Stühle. Die Soldaten gaben den Männern auf der Straße Fußtritte. Die Verkäufer bekamen ihren Zorn am meisten zu spüren.

Als sich der Würgegriff der Kommunisten immer fester um die Städte schloß, benahmen sich die Nationalisten wie in die Enge getriebene Tiere. Nachdem sie bei ihrem Eintreffen das Kriegsrecht ausgerufen hatten, verpaßten sie den Bürgern immer brutalere Strafen.

Baba sah, wie man einen Mann mit einem schmutzigen braunen Hut und geflickter Jacke und hinter dem Rücken zusammengebundenen Armen durch die Straßen führte. Von seinen Handgelenken baumelte ein Schild, auf dem »Getreideräuber« stand. Männer, die eines solchen Verbrechens beschuldigt waren, wurden kurz und bündig erschossen.

Als die Kämpfe 1946 zunahmen, verließen viele Nationalistenführer den Kriegsschauplatz und flohen mit ihrer Truppe in den Süden, nach Beiping oder Nanjing.

In der Volkszeitung des Nordostens war eine Karikatur abgebildet, die ein riesiges Spinnennetz zeigte, aus dem ein Spatz entkommen war; Mücken, Fliegen und anderes Getier waren in den klebrigen Fäden gefangen: Der Spatz verkörperte die Regierungsbeamten, die Fliegen und Mücken das einfache Volk.

Inzwischen führten die Kommunisten im Schutze der Dunkelheit weiter Überfälle gegen die belagerten Nationalisten durch. Die Richtung, aus der die Angriffe kamen, änderte sich von einer Nacht zur andern; sie feuerten ein paar Salven auf die Städte ab und zogen sich dann schnell wieder aufs Land zurück.

Die heimgesuchten nationalistischen Truppen schickten ihnen in den frühen Morgenstunden eine Feuersalve nach der anderen hinterher – wie das Rascheln des Windes in einer stürmischen Nacht hörte es sich an. Leuchtkugeln und Rauchsignale erhellten den Himmel. Der Geruch von Schießpulver erstickte die Luft. Das Donnergrollen der Kanonenkugeln tötete keinen Feind, sein schrecklicher Klang diente nur dazu, die Menschen zu zermürben. Den größten Teil ihrer Munition vergeudeten die Nationalisten damit, Geister zu erschlagen.

Inzwischen hatten die Kommunisten auf dem Land damit begonnen, die Landbesitzer auszurotten. Viele von Babas Verwandten hatten unter ihnen zu leiden. Im Winter 1946 strömten alle, die hatten fliehen können, in die Städte.

»Mein Sohn – sie haben ihn gefesselt, als er in der Schule unterrichtete, wie einen Hund haben sie ihn zum Dorftor geführt, wo er sich hinknien mußte. Dann haben sie ihn erschossen«, erzählte die alte Mutter, eine Verwandte, im Haus der Yang. Sie hörte Tag und Nacht nicht auf zu weinen und versetzte die Familie mit Geschichten von Hinrichtungen in Angst und Schrecken.

»Mein Bruder! Mein Bruder ist tot« rief Babas Schwägerin. »Sie haben eine Granate durchs Fenster geworfen. Sie ist durchs Zimmer gerollt und unter seinem Bett explodiert. Er hat noch geschrien und ist ein Stückchen weitergekrochen, bevor er schließlich zusammenbrach. Warum gerade mein Bruder? Von all den vielen Leuten, die im Haus Schutz gesucht hatten, warum gerade er! O du Himmel, sag mir, warum mein Bruder?«

Die Mandschurei war ein großes, weites Land. Anders als im Süden gab es sehr große Flächen, die zu einem erheblichen Teil niemandem gehörten. Jeder, der fleißig arbeitete und einige Jahre sein Geld sparte, konnte Landbesitzer werden. Die Behauptung der Kommunisten, einen gerechten Krieg der Unterdrückten und Besitzlosen gegen den korrupten Landadel zu führen, war weit von der Wahrheit entfernt.

Die Kommunisten kannten die Menschen und ihren Wunsch nach sofortiger Belohnung. Sie hielten die Tür auf und sagten: »Geh schon – es gehört dir. Du kannst es dir nehmen. Warum sollen sie es haben und nicht du? Mach sie tot und nimm es dir.« Die Kommunisten machten sich niemals selbst die Hände schmutzig; sie brachten andere dazu, den Henker zu spielen.

Als die Kehlen aufgeschlitzt, die Rücken durchbohrt, die Häuser und Speicher ausgeplündert waren, verstärkten die Kommunisten die nachträglichen Gefühle von Angst und Schuld nur noch.

»Jetzt, da eure Hände in Blut getaucht sind, werden die Landbesitzer mit Hilfe der Nationalisten zurückkommen, um sich an euch zu rächen«, sagten sie. »Daran gibt es keinen Zweifel. Deshalb bleibt ihr besser bei uns.« Die Reihen der Kommunisten schwollen an.

Die meisten Menschen hatten es nicht vermocht, über die einlullende Folge der ersten Tage hinauszusehen, und flohen erst, als Gewalt und Zerstörung um sich griffen; aber einige Vorausschauende hatten die Tage des Zorns kommen sehen und waren darauf vorbereitet.

Ein reicher Verwandter – der erste, der auf den staubigen Straßen von Xinmin auf einem modernen »furzenden Maultier« flüchtete: einem Motorrad –, verkaufte schon bald nach dem Eintreffen der Russen sein Land und verschiedene Anwesen. Er wollte kein Geld, sondern ließ sich statt dessen mit Getreide bezahlen. Er bat Babas Familie, es für ihn in ihren Silos zu speichern. Dann verließ er Xinmin und machte sich nach Shenyang, der Provinzhauptstadt, auf. Im Winter 1946, als sich Shenyang im Belagerungszustand befand und die Nahrungsvorräte knapp wurden, erzielte der Verwandte durch den Verkauf des Getreides an die belagerte Stadt riesige Gewinne.

Er bat Baba, der jetzt fast achtzehn war, die Geschäfte für ihn abzuwickeln. Baba hatte vor über einem Jahr seinen Abschluß an der Oberschule gemacht und danach das Polytechnikum in Shenyang besucht und war, so lange die Eisenbahn noch verkehrte, an den Wochenenden nach Xinmin gefahren. Daher kannte er sich sowohl in Shenyang als auch in Xinmin gut aus und war mit dem Pendelverkehr vertraut.

Im allgemeinen verkehrten die Züge alle zehn Tage zwischen den beiden Städten (so lange brauchten die Nationalisten, um die Gleise nach einem Sabotageakt wieder zu reparieren). Wenn die Strecke frei war, kauften die Leute von Shenyang schnell das bißchen Getreide auf, das in Xinmin, wo in Friedenszeiten immer der Markt für Rohstoffe und Nahrungsmittel vom Land abgehalten wurde, noch zu haben war. Nach jeder erfolgreichen Sabotage der Eisenbahn schoß der Preis für Getreide dramatisch in die Höhe.

Baba versteckte bei seinen Fahrten zu dem Verwandten in Shenyang, dem er das Geld brachte, Stöße von Scheinen in seinen Büchertaschen. Niemand vermutete bei einem Studenten solch eine große Menge Bargeld.

Die Inflation war hoch; der Verwandte kaufte mit dem Geld sofort Gold ein.

»Wie soll ich dich für deine Hilfe bezahlen?« fragte er Baba, als er seine Arbeit getan hatte.

»Ich nehme meine Bezahlung von dem Getreide, das am Boden der Silos zurückbleibt. Genausowenig wie nach Shenyang gelangt jetzt Nahrung vom Land nach Xinmin. Die Familie hat kaum noch etwas zu essen.

Die Kleinsten haben darunter am meisten zu leiden: Mein kleiner Neffe ist vor Hunger nachtblind geworden. ›Fang auf, kleiner Yan‹, habe ich zu ihm gesagt. Aber er hat den Ball gar nicht gesehen, den ich ihm vor die Füße warf.«

Als sich der Strom der Flüchtlinge vom Land mit ihren Geschichten vom Tod über Xinmin ergoß, bekamen die Einwohner noch mehr Angst um ihr Leben. Sie machten sich nun selbst auf den Weg in das wie eine Festung bewachte Shenyang, um dort Schutz zu suchen. Baba besorgte dort eine Bleibe für den Patriarchen, die Frauen und die jüngeren Familienangehörigen.

In diesen chaotischen Tagen war er schon zu alt, um sich unter den Fittichen der Eltern zu verkriechen, aber noch zu jung, um die Last der Verantwortung zu tragen, die durch die Versäumnisse anderer auf den seinen lag. Diejenigen, die diese Last hätten tragen müssen, waren schon, nur auf ihr eigenes Wohl bedacht, nach Shenyang vorausgeeilt. In den Zeiten des Friedens und Wohlstands hatten sie alle zusammen gelacht und gefeiert, aber jetzt, in dieser unsicheren Zeit, konnte man leicht erkennen, wie schwach die Bande waren, die sie zusammengehalten hatten. Das Haus der Yang war drauf und dran einzustürzen.

Yeye hatte schon über ein Jahr lang allein in Shenyang gelebt: Als die Japaner erst einmal besiegt waren und Manchukuo zusammenbrach, war er freiwillig zu der legitimen chinesischen Regierung in die Provinzhauptstadt zurückgekehrt, um für sie zu arbeiten. Obwohl er von einem Leben der selbstauferlegten Untätigkeit und Muße Abschied genommen hatte, blieb ihm seine überwältigende Sehnsucht nach Erleuchtung erhalten. Wenn er nicht in seinem Büro war, verbrachte er seine Zeit zu Hause mit Meditieren, gab schnüffelnde Laute von sich, während er das *gi* durch seinen Körper kreisen ließ. Er sagte, er wolle diese Welt der Trugbilder ablegen. Was er aber ablegte, waren seine Verpflichtungen: Er hatte Nainai und seine Kinder in Xinmin verlassen, so daß sie sich allein durchschlagen mußten. Im Frühling 1947, als zu Hause das letzte Korn verzehrt war, nahm Baba seine Mutter, seine beiden jüngeren Schwestern und den kleinen Bruder und stieg mit ihnen in einen der seltenen Züge nach Shenyang.

Yeye war wütend, als er sie sah, sein Gesicht war hart und bleich. »Warum bringst du sie alle hierher?« sagte er zu Baba. »In Xinmin haben sie zu essen und eine Bleibe!«

»Du bist blind, Vater. Wenn du dich um sie gekümmert hättest und nach Hause gefahren wärst, wüßtest du, daß wir kein Zuhause mehr haben. Es ist nicht die Zeit, dich nur um dein eigenes Wohlergehen zu kümmern«, sagte Baba. Es war das erste Mal, daß er im Zorn mit seinem Vater sprach. »Siehst du denn nicht, daß alles zerstört ist, Vater? Die Nationalisten haben sich wie die Termiten über die Häuser hergemacht. Die Kommunisten schießen fast täglich in den Nordgarten. Wir mußten in den Silos die Dielenböden aufreißen, um darunter zusammenzukehren, was durch die Löcher gefallen war, die die Mäuse ins Holz gefressen hatten.

Hier in Shenyang gibt es noch etwas Nahrung in den Silos, auch wenn es nur wenig ist. Hier beschützen einen noch immer die nationalistischen Truppen – auch wenn sie brutal sind, haben sie nicht vor, uns abzuschlachten. Hier kann die Familie vielleicht überleben.«

Er warf noch einen letzten Blick auf seine Mutter; über ihre Wangen fielen Haarsträhnen, die einen blassen silbergrauen Ton ahnen ließen. Nainais Augen sagten alles: »Ich wünschte, ich könnte dich beschützen, wie ich es getan habe, als du drei warst, als die japanischen Bomben südlich der Westsümpfe heruntergefallen sind. Aber jetzt bin ich hilflos. Wie kann ich auch nur davon träumen, aufzupassen, daß euch nichts passiert, wenn ich selbst nur ein Buddha aus Lehm bin, der sich auflöst, wenn er durch den Fluß watet. Möge dich die Göttin der Gnade beschützen.«

»In meinem Herzen weiß ich, daß der vierte Bruder nicht zu uns zurückkommen wird«, sagte eine seiner Schwestern zu Nainai, als Baba gegangen war.

Baba kehrte nach Xinmin zurück, um seine Sachen zu packen. Eine unleugbare Absicht hatte Gestalt angenommen, ein Plan, der so leise wie Moos gewachsen war: Er würde nach Süden gehen. Er würde in das Gebiet gehen, das fest in den Händen der Zentralregierung war, wo bestimmt Frieden herrschte. Vielleicht würde er in Beiping doch noch Gelegenheit haben, die Universität zu besuchen.

Die einzigen von der Familie, die noch durch das düstere, stille Haus der Familie Yang schlurften – das ohne Fenster und Türen blind und zahnlos aussah –, waren der freundliche arglose dritte Bruder und seine Frau.

Der dritte Bruder, der ein Jahr älter war als Baba, hatte immer auf Baba gehört.

»Geh nicht in die Armee, mein Bruder, was du auch tust – weder zu den Nationalisten noch zu den Kommunisten. Sie sind beide gleich böse«, sagte Baba. »Das Labyrinth von Shenyang ist nichts für dich. Geh mit meiner Schwägerin aufs Land und suche Schutz bei den Bauern. Auf dem Land wird es sicherlich etwas zu essen geben.

Wen kümmert es, welche Armee gewinnt, welche Partei die Herrschaft antritt. Sieh zu, daß du am Leben bleibst. Es gibt keinen größeren Triumph, als immer noch einen Tag länger am Leben zu bleiben.«

Eine unbarmherzige Hungersnot war über die Mandschurei hereingebrochen, und mein Vater folgte dem Weg des großen Ahnherrn, der in dieses Land gekommen war, um hierzubleiben, um dem Hunger seiner Zeit zu entfliehen, in umgekehrter Richtung.

An einem Morgen im Mai im Jahre 1947, als die Hirse gerade hüfthoch war, begann Baba seine Reise auf einem schmalen Wagenpfad, der sich durch die Dünen wand, auf denen Weidenstümpfe aufragten.

Wo würde ihn die stumme, reglose Straße hinter den Sanddünen bei dem Fluß am Ende hinführen, die lange Straße, von der seine Füße Blasen bekommen und bluten würden? Nicht einmal seine Träume erzählen von dem Weg, der viele tausend Li lang, wie ein Drachen in einer Zickzacklinie der ganzen Länge nach durch China und über das Meer führen würde. Nein, mit seinen achtzehn Jahren hatte sich Baba nicht vorstellen können, daß er den mandschurischen Himmel zweiunddreißig Jahre lang nicht wiedersehen würde. Aber eines konnte er sich sicherlich vorstellen: daß ihn die Straße wegführen würde von allem, was ihm vertraut war, daß die Entfernung zwischen ihm und dem Hügel des alten Großpapa in Shantuozi, wo acht Generationen des Yang-Clans gelebt hatten und glücklich gewesen waren, mit jedem Schritt größer werden würde. Er konnte nur hoffen, daß Guanyin, die Göttin, an deren schützende Macht seine Mutter so fest glaubte, über sie alle wachen würde.

Man sagt, daß ein Mann ohne seine Familie nur ein *guhun yegui* sei – ein einsamer Geist, ein wilder Geist: ein Mann, der nichts wert ist. Aber ich muß Ihnen sagen, daß Baba nicht allein sein wird auf seiner Reise, denn dies ist nicht seine Jungfernfahrt. Er wandert auf einer Straße der Erinnerungen, und ich, seine Tochter, werde bei ihm sein, hoch oben auf seinen Schultern werde ich sitzen, um von China zu träumen, dessen Landschaft sich wie eine große lange bemalte Schriftrolle vor mir ausbreitet.

Danksagung

 »Wenn dieses Buch ein bemalter Papierdrachen wäre«, sagt Baba, »dann war der Atem vieler Leute nötig, um ihn in den Himmel aufsteigen zu lassen. Wenn dieses Buch als ein reiner Funken begonnen hat, dann waren viele Leute nötig, die einen Zweig, einen Ast brachten, um die Flamme in Gang zu halten.« Euch allen, ihr großzügigen Seelen, tausend *xie-xie*.

Zuerst und vor allen anderen Mrs. James R. Lilley. Danke. Für immer und ewig, *xie-xie*. Sie haben mich über die Meere hinweg mit Hoffnung erfüllt. Seither hat sich mein Leben verändert. Ihnen und dem Botschafter wünsche ich ein langes glückliches gemeinsames Leben.

Unglaubliche Amy Tan, Engel allererster Güte. Es war meine größte Freude und mein Glück, Ihren Segen erhalten zu haben. Ich wünsche Ihnen viele Tage der Erleuchtung und des Friedens, einen nach dem anderen, in einem endlosen Strom.

Ihnen, Sue Yung Li, danke für Ihre Großzügigkeit. Sie blieben stehen und haben einer Fremden die Hand gereicht.

Sandra Dijkstra, literarische Beschützerin: allwissend, allgegenwärtig. Das Beste im Westen, das Beste vom Besten. Mit Liebe und großem Respekt. Professor Bram Dijkstra, vielen Dank dafür, daß Sie sich um Sandy kümmern, wenn sie länger für ihre Autoren arbeitet, als sie sollte.

Bill Messing, treuer Freund meiner regnerischen Beijing-Tage. Ihre tröstenden Worte halfen mir bis zum heutigen Tag. Möge das Leben Ihnen, Sophie und Tina nur das Allerbeste bringen.

Patti Compton, Direktorin der Galerie Who's Who in Art, Monterey, Kalifornien. Anfeuernder Fan, Freudenspenderin, deren unermüdliche Anstrengungen die Künstlerin mit Farben, Papier und Weisheit versorgt haben.

Judie Telfer, treu wie Gold, die mir sagte: »In deinen Bildern sind Geschichten«, und mich dazu gebracht hat, mich hinzusetzen und mich dem ersten leeren Blatt Papier zu stellen. Danke für die himmlischen Spaziergänge und herzerquickenden Gespräche in Point Lobos.

Meine Carmel-Lehrer, die mir sagten: »Vergiß nie deine Kunst!«: Nancy Johnson, Ken Wiese, Joe Broadman, William F. Stone jr. Danke noch drei Leuten von zu Hause, die mich angestachelt und ermutigt haben: der große Buzz Rainer, Wally LeValley und Dr. Kenneth Bullock. Sie waren für ein Mädchen mit Zöpfen eine große Hilfe.

Den Angehörigen von Harcourt Brace & Company, meiner verlegerischen Heimat, die im Januar 1994 von einem Erdbeben erschüttert wurde. Vielen Dank dafür, daß Sie Ihre Autoren und deren geliebte Kinder zuerst in Sicherheit gebracht haben. Möge das Leben Sie immer zu schönen erlesenen Dingen führen.

Claire Wachtel – Cheflektorin, aufrichtige Freundin, Patin meines Buchs – »Ich werde Sie nicht im Stich lassen«, haben Sie zu mir gesagt. Ich werde Sie nie vergessen. Sie sind eine brillante Kombination aus Führung und Freiheit. Ihre klaren, präzisen editorischen Erläuterungen haben mein Verständnis erhellt und diesem Buch zu einem harmonischen Ganzen verholfen. Es ist ein Privileg, eine Ehre und ein Wunder, Sie kennengelernt und mit Ihnen zusammengearbeitet zu haben. Ihnen, Rachel und Paul ewige Liebe.

Leigh Haber – Geoffrey und Sams wunderbare wahre Mom – tiefen herzlichen Dank für Ihre Fürsorge und Unterstützung.

Alane Mason und Dori Weintraub, aufmunternde Stimmen von der anderen Seite des Landes. Danke, daß Sie mich an Tagen der Unsicherheit unter Ihre Fittiche genommen haben. Ich bin Ihnen dankbarer, als Sie vielleicht glauben.

Lisa Peters, Vaughn Andrews und Warren Wallerstein für die Kunstfertigkeit und die gewissenhafte Sorgfalt, die dem Geist erst Form gibt. Danke für ein erstaunliches Buch.

Deborah D. Warren dafür, daß sie dieses Kind mit guten Anleitungen hinaus in die Welt geschickt hat.

Ted Lee, Ruth Greenstein, Sheri Abramson und Celia Wren für die vielen zehntausend wichtigen, unsichtbaren, unbesungenen Dinge, die sie tun.

Präsident Rubin Pfeffer, der dieses Projekt von Anfang an begeistert unterstützt hat. Möge Ihr Haus immer gedeihen.

Laning Yang – oberste Optimistin, meine Lehrerin, mein Buddha, meine liebste Mutter – danke für die seelische Unterstützung und für die endlosen Stunden, in denen du bei mir warst, in denen du mir zugehört und mich verbessert hast, während ich mich durch die chinesischen Klassiker gequält habe, einen Band nach dem anderen. Mama, du hast während all der quälenden dunklen Jahre nie den Glauben an mich verloren. Dein Glaube war alles. ALLES.

Und schließlich Joseph Yang, Mentor, Vater und manchmal Sparringspartner: Danke für meine dickköpfige mandschurische Ader, die keine Niederlage zuläßt. Danke dafür, daß du mich nach Amerika gebracht hast, hoch oben auf deinen Schultern. Ich dachte, du wärst mit leeren Taschen in dieses Land gekommen. Ich wußte ja nicht, daß sie voller klingender Geschichten waren – meinem Erbe.

Ich danke euch, Baba und Mama, dafür, daß ihr mir das Leben geschenkt habt.

– BXY
8. März 1994

Der Patriarch im Alter von zweiundsiebzig Jahren